¿En dónde está mi alma?

Indice

Prólogo

Estás ante una obra bien interesante, ¿por qué interesante? La verdad son varios los motivos que tengo para escribir esto. Primero que todo es la idea, o mejor, las ideas de una persona a la que quizás la suerte o la vida no le facilitaron mucho en conocimiento de temas de lectura, escritura, matemáticas, etcétera. Pero la vida sí la premió con muchos valores éticos y morales, además, con una gran inteligencia y capacidad de análisis, que si hubiera tenido la oportunidad de estudiar, habría podido llegar muy alto.

Este texto es una compilación de sus propias historias y sucesos que pudo analizar en su diario vivir; hechos que hoy te quiero contar y por medio de ellos y del análisis que ella hizo, darte a ti, querido lector, unas lecciones para ayudarte a reflexionar y mejorar, quizás, un poquito en aquel evento que está zanjando tu vida.

Es pues, una traducción de los hermosos escritos, casi jeroglíficos, que esta persona puso en mis manos para que redactara en cada una de sus páginas y así llegarte hasta ti. Sí, tú, presta atención. Sólo si tú logras encontrar en este texto la luz que te guiará para vivir mejor, el sueño de mi querida amiga al realizar sus hermosos jeroglíficos se habrá hecho realidad.

Introducción

El amor es la gran virtud de la que debe gozar toda la humanidad, desde el más pequeño hasta el más grande. Todos sabemos que para poder conformar un verdadero hogar es indispensable bridar amor desde todas las direcciones (entre los padres, entre los hermanos y de padres a hijos). Sin embargo, no todos tienen presente este principio. ¿Por qué en ocasiones no se puede brindar ese amor sincero? La respuesta está en que no se tiene un conocimiento de Dios, o puede darse el caso de tener conocimiento de Dios, pero no una relación con él.

Yo tuve ese privilegio de contar y disfrutar del amor de mis padres, tías, abuelos y demás personas que me rodearon. Una de las más grandes bendiciones fueron los consejos de mi hermosa madre. Primero a Dios, y segundo a ella, agradezco la persona que formaron en mí. Cómo olvidar los valiosos consejos que esta mujer, mi madre, me dio con el propósito que yo fuera una persona que nade en contra de la corriente. Me informó de todo lo que podía encontrar en el mundo, de cómo guardarme tanto en lo sexual como en lo ético, moral y espiritual. Me enseñó que no importan las circunstancias, una mujer no puede perder, regalar, o vender su esencia, su valor. El propósito es que todo niño, adolescente y adulto pueda contemplar el derecho de ser amado por alguien que lo ame incondicionalmente, y siempre hay alguien dispuesto a enseñarnos quién es ese ser.

Capítulo 1

Era mami

Era mami una joven inteligente de padres campesinos que conscientes de la importancia de la formación para sus hijos, decidieron enviarla a Bogotá para que realizara sus estudios básicos. Y así fue, ella terminó su bachillerato graduándose con honores en un colegio de religiosas. Llega mami de regreso a su ciudad natal donde la esperaba su familia con gran alegría y expectativa, soñando con el futuro brillante que ella iba a tener, pero no, la vida le tenía trazado un camino muy diferente. Se cruzó en su camino ese ser enviado por el destino para que en un instante cambiara totalmente el rumbo de su existencia.

Mi madre, una mujer agradable, con una vida desarrollada en un entorno de carácter humilde, era aceptada y asediada por los galanes de su barrio y de los barrios vecinos, levantados en hogares con mayor calidad de vida (como diríamos ahora). La niña de un determinado estrato social, no muy alto, pero tampoco el más bajo, pretendida por el puppy de estrato alto. Y así como es sabido que el corazón no entiende de razones, el de mami tampoco quiso entender que aquel que ella estaba eligiendo no era quien la iba a llevar junto con su familia a realizar ese mundo de sueños que tenían trazados.

Fue mi madre junto con aquel primo quienes decidieron crear una linda amistad sin que nadie sospechara del romance que ya se estaba forjando entre ellos. Mi abuelo Tito con su sagaz intuición fue el primero en sospechar de lo que estos “amiguitos” estaban viviendo.

Pasaron tres años, en este tiempo nacimos mi hermano y yo, María. Este tiempo fue para mami marcado por una tranquilidad rota a ratos por las borracheras de su primo, mi padre, sin mayores contratiempos. Pero la necesidad del alcohol fue en aumento al igual que las lágrimas y sufrimiento de ti, madre; fue tanto el incremento que ya no aguantabas más, y recordando el buen corazón y el amor que Tito siempre te ofrecía se escapa del ahora llamado su hogar para correr a los brazos y al calor del hogar materno, donde el apoyo y el afecto no se hacen esperar.

Ha estado mami treinta días gozando del cariño del abuelo, pero extrañando la compañía de papá. Él llega a su puerta implorando perdón y prometiendo que no sucederá de nuevo; tal vez lo hacía con sinceridad y con el deseo inmenso de recuperar a su esposa y a sus dos hijos. Pero no contaba que la nueva conquista iba a ser tan difícil. Mami quería mostrar su determinación y firmeza, pues esta no estaba dispuesta a seguir con la vida que llevaba al lado de mi padre. Aunque como era de esperar, esa firmeza no duró mucho, se fue desvaneciendo con el simple de hecho de recordar que había contraído matrimonio con él, algo que dura para toda la vida (según los principios inculcados en el hogar). No fue esto lo único que la doblegó sino las promesas de cambio que siempre le hacía papá, y Ha estado mami treinta días gozando del cariño del abuelo, pero extrañando la compañía de papá. Él llega a su puerta implorando perdón y prometiendo que no sucederá de nuevo; tal vez lo hacía con sinceridad y con el deseo inmenso de recuperar a su esposa y a sus dos hijos. Pero no contaba que la nueva conquista iba a ser tan difícil.

Mami quería mostrar su determinación y firmeza, pues esta no estaba dispuesta a seguir con la vida que llevaba al lado de mi padre. Aunque como era de esperar, esa firmeza no duró mucho, se fue desvaneciendo con el simple de hecho de recordar que había contraído matrimonio con él, algo que dura para toda la vida (según los principios inculcados en el hogar). No fue esto lo único que la doblegó sino las promesas de cambio que siempre le hacía papá, y contando con que si regresabas a casa, tus hijos no se levantarían sin una figura paterna como es debido. Aceptaste regresar.

Papá luchó para cumplir con sus promesas, pero el vicio pudo más que la razón, y por dos años no pudo evitar embriagarse llevando a su familia a una crisis emocional y económica, ambas llenas de carencias. Este fue un tiempo de visitas constantes de mami a abuelo Tito tratando de ocultar su tribulación, recordando aquellos ruegos y consejos dados antes de que todo sucediera, dolorosamente consciente que fue por su decisión abandonar todas sus ilusiones de juventud. El tiempo no pasa en vano y ella ahora sí que lo sentía así al comprobar que estaba nuevamente embarazada, sabe que una bendición más ha llegado a su hogar. Es el tercer hijo.

"Miren, miren, niños, quién ha venido a visitarnos, es el abuelo Tito". Saltan de alegría estos pequeños al recibir en casa semejante presencia. Él inmediatamente se pone un poco pensativo al ver las condiciones en las que vive su hija, no se compara a las comodidades que una vez tuvo a su lado, claro, no voy a decir que aguantábamos hambre pero los alimentos si eran escasos, comíamos lo básico y preciso.

Abuelo Tito pide que se le sirva un tinto y con mucho dolor y vergüenza toca negárselo. "Entonces, ¿limonada?" -Tampoco abuelo, no hay limones-. A parte de la tristeza, el abuelo siente ira, desconcierto de saber que su amada hija y sus nietos estaba sufriendo privaciones cuando en su casa había abundancia. Tito no tarda en recriminarla y tildarla de orgullosa por no acudir a él cuando tanto lo estaba necesitando.

Por esas cosas de la vida cuando mami acababa de aceptar la ayuda del abuelo, y estaba decidida a irse, llega la noticia que su suegra estaba delicada de salud. Estamos todos empacando nuestras pertenencias, pero ahora para la casa de la abuela paterna, pues ya mami ha hecho un compromiso con papá: cuidarla.

Pasa por mi mente la hermosa imagen de mi abuela (su cabello como de oro y su piel de nácar, con su dulzura a flor de piel). En aquel momento veo la casona, con corredores amplios en redondo y las jardineras un poco descuidadas. Es una alegría inmensa saber que íbamos a disfrutar por un tiempo de esa mansión vista así por los ojos de una niña de cuatro años; los que yo tenía en aquel momento. ¡Qué diferencia al compararla con la humilde casita que dejábamos en el alto!

¡Ah!.. Recuerdo que otra grata y muy importante compañía eran Mona, Tabaca y Regalo, ¿quiénes son? Las dos gallinitas y el perro de la familia, por quienes sentimos mucha alegría. Ya no éramos los únicos que íbamos a disfrutar de estos amplios espacios.

Han pasado muy pocos días de este peregrinar cuando hace su aparición la tía Nena, mostrando su faceta de buena hija, con la propuesta de llevarse a la abuela para su casa, pues con los niños ahí no va a tener la tranquilidad que ella sí le puede brindar. Esta intempestiva descarga de responsabilidades deja a mami mente abierta para decidirse a conseguir un poco de independencia, además de ayuda económica. De esta manera consiguió un empleo de medio tiempo.

Fue así como ella acude nuevamente a abuelo Tito para solicitar su ayuda, le pide que cuide los niños. Él, de muy buen agrado acepta, sin embargo, no deja de mostrar su escepticismo sobre el cargo que podría desempeñar su hija en el mundo laboral. Recordemos que fue la niña bien de la familia, pero esto no impidió que ella vendiera frutas bajo el inclemente sol o la lluvia. Todo lo hacía por el significativo valor que da a su vida el hecho de brindar a sus hijos un poco de lo que ellos requieren para tener una vida digna. En este instante comenzó nuestro caminar diario entre las dos casas de los abuelos: los niños en pos de unos cuidados, mi madre en pos de un salario.

Capítulo 2

¡Es hora de prepararme!

Hoy aún siento el calor de hogar de ambas familias. Todavía puedo hacer un balance y saber que la mayor felicidad por nuestra compañía estaba en la casa del abuelo Tito. Estaban las tres tías dedicadas a las labores del hogar y ahora a cuidar a unos hermosos sobrinos. Mientras que en la casa de las tías paternas se siente indiferencia, por lo que hoy busco entre mis recuerdos la más mínima demostración de afecto de parte de ellas pero no lo encuentro.

Llega a mí la imagen de la casa del abuelo, además de sus jardines y huertos bien cuidados, los rosales y jazmines florecidos. Era como si el sol allí brillara más que en el resto de la ciudad. El color de los jardines, la tibieza del afecto y los abrazos que nos prodigaban lograron llegar hasta mi corazón. Cada día de estancia allí para mí era como una aventura. Mi abuelo sale de madrugada para la finca y en casa es una continua fiesta. A veces estoy en los corrales recogiendo esa enorme cantidad de huevos. Llega mi tía con las cebollas y los tomates para el rico hogao', mientras la abuela asa las arepas en la leña. Puedo sentir aroma de leche recién ordeñada, elaborando el queso para acompañar el espumoso chocolate. Todo esto para concretar en el comedor a 20 comensales disfrutando estos manjares frutos del trabajo de los abuelos y tías, con sus laboriosas manos.

Era una aventura más salir a desarrollar el proceso de lavado de ropa en la quebrada. Mientras ellas lavan, nosotros los niños recogemos frutas con la libertad de comer lo deseado. Naranjas, mangos, pomas y mandarinas. Hacemos los aforos que la abuela venderá, pues ella también se gana el pan con el sudor de su frente con el producto de la venta de leche, huevos y frutas eran de la abuela. Ahora que hablamos de cuidar el planeta, mi abuelo sí que lo sabía y así era como en su compañía hacíamos el ascenso a la parte alta de la finca a llevar los residuos de la casa para hacer el abono orgánico, y con éste hacer los productos de la huerta más fértiles. Así hicieron de nosotros los mejores trabajadores. Con ese ejemplo ¿quién no aprende?

Dejando atrás esos primeros años y entrando en la 2da infancia, viene aquí el aprendizaje de las labores domésticas, y a tener muy claro el valor de la obediencia, aquí aparecieron unas normas que hay que cumplir. Además de iniciar nuestros estudios, hay que cumplir con unas tareas o labores cotidianas. Ya sé barrer, trapear, organizar mi dormitorio, lavar la loza. Pero para que no se me olviden, estas labores hay que practicarlas diariamente. Con mucha nostalgia cada día salía de mi ensueño en aquel paraíso para asistir a las aulas de clases, lo que para mis alcances de niña no era lo primordial. Al cruzar por mis 12 años de edad no rendía en mis estudios, y en casa se estaban presentando pequeñas peleas con aquel primito que nunca mencioné, por estas razones, mami toma la decisión de llevarnos a casa sin regresar a donde abuelo Tito a buscar compañía, sino que pasan mis hermanitos a ser mi responsabilidad. Recordemos que soy la hija mayor.

Ahora mi familia es un poco grande para ser responsabilidad de una niña de 13 años, pero gracias a lo aprendido en aquel hermoso hogar, salí airosa. Mami había pedido a papá construir una casita, pues ya no quería estar más en la casa de sus cuñadas; razón por la cual mi labor se facilitó un poco, pues ya teníamos una pequeña casita para vivir, así estuviera en un lote de la finca de sus suegros pero independiente de mis tías poco tiernas.

Fue así que como hijos conscientes de la vida bohemia de papá y del trabajo de mami para aportar a la economía del hogar, tomamos cada uno nuestras propias responsabilidades para darle así una pequeña ayuda a mamá. Mi hermano entró como aprendiz al taller de la latonería y pintura, bajo la tutela de un buen amigo de la familia, quien hizo de él uno de los mejores pintores del barrio.

Se convierte mi hermano en el mayor apoyo de mami, y entre los dos comienzan el gran proyecto de construir una cómoda casa, ya no en bareque sino en material, sueño que se materializa en unos dos años. En el transcurso de este tiempo la nostalgia de la salida de casa de los abuelos ha ido pasando, al llenar mis días con las labores del hogar y con la alegría de esperar a mami con el almuerzo y la casa limpia, además de los niños aseados. Cuando ella llega a casa y sólo tiene que dedicarse a disfrutar de sus niños y nosotros de ella.

Aún me veo en aquella inmensa cama que alguna señorona de bien de mi barrio había regalado a mi mamá disfrutando de los atardeceres, jugando, riéndonos y haciéndonos cosquillas con mami. Ocasiones que ella aprovechaba para, en medio de los cuentos, enviarnos sus consejos y enseñanzas para hacer de nosotros mejores hijos, mejores personas, mejores ciudadanos.

¡Oh, mami, cuánto agradezco hoy tus consejos! -Siempre serás aseada, muy responsable, comprometida con tus tareas y deberes, honrada como los demás- me decías. -Si cumples con estas enseñanzas nunca tendrás que tener afrentas de nadie-. Recuerdo, mami, cuando te decía: Si un hombre que es más fuerte que yo me quiere hacer daño, ¿cómo yo siendo más pequeña me voy a poder defender? Y tú, con tu sabiduría, me llevas al jardín, tomas una hormiga muy agresiva y la colocas en mi brazo, la cual responde a tus molestias dándome una fuerte picada, y así, muy lúdicamente, me has mostrado que puedo defenderme cual minúscula hormiga. Enseñanzas estas que puse muy en práctica aquel día en que tres vecinitos que eran mis supuestos amigos quisieron abusar de mí, cuan minúscula hormiga también me defendí.

Se cumplen los dos años del proyecto de la casa nueva y ahora es una realidad. Mi papá no quiso quedarse sin ayudar y elaboró unas puertas, ventanas y una camita, todo en madera, además de encargarse de darle una mejor apariencia al piso de la casa, pues el presupuesto quedó corto. Ya podemos disfrutar de nuestra amplia, aunque no tan lujosa propiedad.

Ya tengo 14 años de edad, y mi hermano, el apoyo de mami, se deja vencer por el alcohol, se aleja de nosotros dejando un vacío en nuestros corazones, pues él se había convertido en un pilar para la familia. Aquí mami comienza a ver más falencias en su casa, y yo a pensar: "Ya estoy grande, ya puedo y debo ayudar." Le comento a mami mis deseos de trabajar y claro, se opone, porque para ella aún soy su niña. Haciendo uso de mis habilidades, aproveché un recurso que se llama chantaje para que ella accediera a aceptar mi ofrecimiento.

Le dije de esta manera: "Yo de todas formas quiero trabajar para ayudarte, me buscas entre tus conocidos algo que yo pueda hacer, o me voy yo aunque no conozca a nadie y me busco mi empleo". Ya no tuvo más que mover sus influencias para no dejarme con desconocidos. Aparece acá mi primera patrona que me encarga el cuidado de sus dos tesoros, dos hermosas niñas. Encontré muy buena acogida y muchas comodidades en aquella bonita familia; pero por mi buen rendimiento a la hora de desempeñar mis labores que tiempo atrás había aprendido con las tías, hoy estaba comenzando a recoger los frutos; mi sueldo aumentó junto con la aceptación por parte de mi jefe, ya no solo era la niñera sino su mano derecha. Para mí, única época linda y donde me convierto yo en ayuda para mamá, así, entre todos, podemos mejorar nuestra casa. Compramos el mobiliario bonito, hoy entre mis recuerdos siento gran satisfacción por el deber cumplido aun siendo tan niña. Pude hacer a mami un poco más feliz al brindarle todo mi apoyo.

Han pasado muchos meses de estar en mi primer trabajo y hace aparición el gran estorbo a mi felicidad. El patrón, luego de muchos detalles, según él, como agradecimiento a mis labores pero con el "no se lo digas a ella", comienza a perturbar mi tranquilidad con sus ya osadas intenciones, tocarme y acariciarme. Yo, niña ingenua e inocente, caí en la cuenta de que él para mí no era indiferente, fue ahí cuando descubrí que lo veía atractivo. ¡Caramba! Se ha complicado mi vida.

Aún no conocía el valor de la oración, pero mi padre Dios que me conocía tenía trazado mi destino. Vuelven a mi mente unas enseñanzas de mi madre, ella siempre decía: un hombre casado es prohibido, nunca te interpongas entre una pareja, pues más adelante será para ti un bumerang que va y vuelve y te causa a ti el mismo dolor.

Capítulo 3

¡Es hora de probar los fundamentos!

Acá es cuando papito Dios hace su actuación.
Consigo mi primer trabajo, era muy niña, todo iba muy bien, pero no todo es perfecto y mi patrón empezó a darme regalos; al principio no le di importancia, pensé que era por cuidar bien a sus niñas, pero no era así; y recordando las palabras de mi mami, decidí irme de allí. Papito Dios me ayudo!.

En esos días llegó la mamá de mi jefa y no me entendí con ella y es aquí donde recibo el mensaje del Altísimo y acudo a mi jefa mostrando total desacuerdo con la actitud de su madre frente a mí. Utilicé este recurso para salvar mi integridad, retirándome de aquel peligro. Con mucha tristeza salgo de mi primer trabajo, eso sí, teniendo muy presente que no iba a lastimar a nadie y la única explicación que daría a mi sorpresiva renuncia sería el mal ambiente causado por la madre de la patrona, sin mencionar nada de los coqueteos del patrón.

Me voy a mi casa, descanso pero solicito a mami buscar un nuevo empleo. Recibo mi liquidación y aprovecho para darle unos gusticos a ella y a la casa. Sólo me dejan descansar una semana, gracias a las buenas referencias no tardé más en estar en un nuevo empleo. Me desempeñaré en casa de una pareja con dos hijos ya mayorcitos, lo cual podría facilitar un poco mis labores. Mis funciones ya estaban de lleno en los oficio del hogar, pues mi patrona no trabajaba y estaba al cuidado de sus hijos. Este hogar es muy conocido por mi mamá y reconocido por ser cuna de muchos valores, lo que nos daba tranquilidad y alegría. En mis recorridos para la casa y para el trabajo, en una oportunidad, me cruzo con Lupita y su novio Marcos, con quienes llegué a tener varias conversaciones y una gran amistad.

En mi trabajo me concedían salir un poco a los alrededores ya que confiaban mucho en mi buen comportamiento. Sabían que traía de casa muchos valores.

Lupita, extrovertida y muy coqueta a mi parecer (pues yo era muy recatada), en varias ocasiones me hizo invitaciones para mí un poco atrevidas, teniendo en cuenta la diferencia de mi carácter con el de los demás miembros del grupo, a las cuales nunca accedí sin causarle enojo ni críticas. Los resultados de sus andanzas pronto se hicieron notar, dos las niñas del grupo estaban embarazadas, lo que causó en mi gran tristeza y decepción.

Lupita y yo seguimos siendo muy amigas, pero mientras ella mostraba desinterés por Marcos, entre él y yo iba aumentando una gran atracción, al punto que Lupita se dio por enterada sin mostrar ninguna molestia, por el contrario, se alegró de saber que tendría libertad para continuar con ese arrocito en bajo, como lo llamamos hoy. Pronto nos enteramos quién era su nuevo amor.

La relación con Marcos fue un abrirme a un mundo nuevo: recibía detalles especiales de él, nunca flores, pero muchos regalitos sí, y lo principal, mi primer beso. Esta dulzura fue dando un giro no grato para mí, ya notaba en él más pasión que ternura, y sí, se atrevió a proponerme tener una relación más íntima, a lo cual yo me negué. Salió a flote aquí la impresión que recibí al ver dos compañeras embarazadas y recordando nuevamente todo lo inculcado por mi familia respecto a los valores y respeto por su cuerpo, haciéndolo algo inmensamente grande. Como respuesta del Altísimo a este proceder de Marcos, y para librarme una vez más, él fue llevado por el ejército a pagar servicio militar. Nunca me enteré de su regreso.

Con un amor perdido, pero muy tranquila por ello, mi vida siguió su rumbo entre la casa y el trabajo, sin muchos sobresaltos. Llegaban pretendientes pero con ninguno formalicé nada hasta aquel día que conocí el amor de mi vida, aquel con que una niña sana siempre sueña, pues todos los demás tenían las mismas intensiones de Marcos. Hasta este día solo había visto jovencitos malintencionados, que querían saciar conmigo sus urgencias juveniles, pero de pronto se cruza en mi camino ese ser digno de una niña llena de valores; ese ser tan bien recibido en mi familia. Aunque su edad superaba la mía, nuestra madurez en cuanto a una cosmovisión del mundo, de valores, estaba muy equilibrada, ya que mi vida transcurrió tan rápida y con mis responsabilidades siempre me mostré como una jovencita de más edad de la que realmente tenía. Esto hizo que en mi familia lo aceptaran. Ya para mí, este joven era lo más cercano al sueño de una madre para su hija. Entramos pues en un compromiso serio de mucho amor y apoyo de parte y parte. No transcurrieron muchos meses cuando el gran amor de mi vida me anuncia que quiere pasar el resto de su vida al lado mío. Yo analizo la propuesta y apoyada en los bonitos recuerdos, los detalles, el respeto y su ternura, dije sí, él es el hombre que me merece como compañera. Mami al enterarse se asustó un poco, lo pensó, sintió tristeza, pero estuvo de acuerdo con mi decisión.

Comienzan los preparativos para la boda, se despertaron mis sueños, mis expectativas sobre el paso tan definitivo que iba a dar. Se realizó la boda y no faltaron los desacuerdos de algunos familiares por mi temprana decisión de iniciar con tan transcendental paso. Este compromiso no presentó para mí ninguna dificultad, estaba realmente preparada para realizar las labores que correspondían a mi nueva vida.

Contando también con las cualidades que mi esposo poseía. Transcurren los primeros seis años de feliz matrimonio, disfrutando de bonitas casas, todo el equipo necesario para hacer la vida de familia muy cómoda y con la alegría de ver la familia creciendo al llegar a nuestras vidas los dos primeros hijos. Pero a estas alturas y ya con las necesidades de dotación resueltas, era tiempo de ir pensando en un lugar propicio para vivir. En este momento descubrí que a mi esposo le gustaban un poco más sus pequeñas travesuras consistentes en tomarse unos tragos de más, antes que pensar en invertir para su familia en una casa propia.

Mami tenía sus propios terrenos de los cuales ofrecía a mi esposo un lote suficiente para construir nuestra casa. No fue tan fácil convencerlo, pero con mucha prudencia, en un tiempo, lo logramos. Nuestro sueño de casa propia se estaba haciendo realidad, y como consecuencia los gastos para mi esposo se hicieron menores, ese excedente ya no va para el sustento de la familia sino para aumentar la dosis de licor; y más aún con el hecho que mami se alegró tanto con nuestra cercanía que comenzó a suplir varias necesidades que normalmente eran suplidas por mi esposo, padre de mis hijos. Así transcurrió un tiempo en que mi esposo primaba la necesidad de estar con sus amigos satisfaciendo su deseo de libar alcohol, mientras tanto ahí estaba mami cubriendo todo aquello que él iba descuidando.

Un día a nuestra familia se le desata una cadena de sucesos inesperados, dolorosos e inolvidables. En medio de aquellos lindos atardeceres compartidos con mami, esa mujer hermosa, comienzan a llegar los tristes hechos. Mi hermano menor estaba alejado del hogar a causa de su trabajo desempeñado en otra ciudad. Continuamente se

comunicaba con nosotros; lo extrañábamos mucho, su alegría y su personalidad extrovertida. Un día sábado, cuando el sol estaba radiante, se opaca toda nuestra alegría al recibir una llamada de sus jefes donde nos informaban que él se encontraba hospitalizado. El sexto sentido materno avisaba que era algo grave. Y sí, llegamos al lugar donde él estaba pero en la lucha por no morir sin antes dar un adiós a sus seres más amado. Poco después de nuestra llegada, en medio de un suspiro, se fue de nuestras vidas. Mamá nunca pudo salir de su dolor, se veía melancólica, haciendo un esfuerzo fallido por superar su pena. La familia siempre estuvo a su alrededor dándole fortaleza aunque no se pudiera notar alguna mejoría. En un tiempo en que mi esposo no estaba comprometido con sus responsabilidades de padre y cónyuge, sucede que un miembro más se uniría a nuestro hogar. No es el momento más indicado pero Dios así lo quiso y mucho amor recibirá. Pero aun así mi madre no se repone de su tristeza, menos viendo dicha situación. Con mi embarazo avanzando sin mayores contratiempos y sin saber que esta pena no sería la única que recibiría en esa época, el cuerpo de mami y su salud cada día se estaban deteriorando, en palabras de ella, era su corazón tan lastimado el causante de su menguada salud. Una gran enfermedad estaba enmascarada detrás de su pena, avanzando a pasos agigantados sin que nadie se percatara hasta el momento en que entró en coma.

Su respiración era muy débil y era la única muestra de que aún estaba con vida. Llegamos con ella a la clínica donde fue atendida en ese estado durante 24 horas. Su diabetes estaba muy avanzada pero nunca lo supimos, estábamos enfocados en que ella tenía una enorme tristeza que no pensamos en una enfermedad. Los médicos ya no encuentran una solución a este mal. Al pasar las 24 horas, para

sorpresa de los médicos y familia, mami se encuentra despierta, pero solamente para hacer sus últimos encargos a cada uno de sus hijos, y así despedirse por siempre. Esto no estaba en nuestros planes.

Nos fuimos a casa con la esperanza de que mami se recuperara totalmente, lo que fue algo efímero, pues a la mañana siguiente cuando nos preparábamos muy animados para visitarla ella tuvo su más hermoso encuentro; su niño que antes había partido para nunca regresar se hizo presente en su habitación, y así ser su edecán en su viaje a la eternidad.

Capítulo 4

Mi respuesta

Mi dolor fue inmenso, un pedazo de mi vida se acaba de ir, mi sentimiento fue tan grande que pensé que hasta ahí llegaba mi vida. Repasé las enseñanzas recibidas de mami en nuestros encuentros en su habitación en medio de juegos y risas, y aún hoy me siento desvanecer al recordar aquellas hermosas tardes. Pasa el funeral y al día siguiente a causa de mi tristeza debo ser internada en la clínica con una amenaza de aborto. Contra todo pronóstico médico y recibiendo una vez más el gran regalo del Altísimo, a quien me aferré en mis oraciones, mi bebé salió adelante. Me dieron de alta de la clínica con muchas recomendaciones y cuidados durante el resto de la gestación, pero bien valió la pena, llega una bendición más, un milagro más a nuestro hogar. Una vida se me va y otra ha llegado para alegrarnos. Pero aun con esta bendición no alcanzo a mitigar la tristeza y el desierto que ha dejado mi madre. No pasa un solo día sin que desde mi casa me pare a contemplar la inmensidad del vacío que ha quedado en aquella casa del frente, aquella donde mi madre ya no está. Es cada vez más fuerte el sentimiento por la falta de mami, sobre todo en esta época en que mi esposo se había olvidado de muchas de sus responsabilidades para con sus hijos. Mis carencias se acentúan, mis hijos se ven cortos de ropa, mas no de alimentos. El dinero que debía usarse para los zapatos, la ropa, los pañales y hasta para uno que otro pequeño juguete está quedando en las cuentas del licor pagadas en dicha esquina.

Así me hundo cada día en la profunda tristeza, mis hermanos tienen que salir a trabajar, no puedo esperar su compañía. Me veo sumergida en la depresión, comenzando una lucha, un cara a cara con Dios. Le reprochaba todo lo que me estaba sucediendo: "¿dónde te has ido en estos momentos? Si siempre estuviste conmigo y yo creía acatar tus normas, ¿a dónde te has ido? ¿por qué ahora en medio de mis obstáculos no te manifiestas una vez más? ¿ya no me amas? ¿qué hice para perder tu amor?". No desistí de ir a los actos religiosos, siempre seguí yendo, pero ya sin el fervor de antes, era casi únicamente un cumplir, buscaba una respuesta a mi amargura, al vacío que se había apoderado de mí ser. Quería escuchar de Dios el amor que sentía por mí. Fue una noche más en que le manifestaba que deseaba y necesitaba escuchar que Él me lo dijera personalmente. Y, sí, ¡Oh, Dios, te has manifestado! Me he quedado dormida en medio de mi insistencia hacia él. Estando en este trance inicio un ascenso por una hermosa colina rodeada de muchas flores y mariposas.

Al llegar a la cima me encuentro con una puerta de madera resplandeciente, muy grande y demasiado linda. Esta se abre y a mi encuentro sale un resplandor imposible de descubrir por su magnificencia. Escucho una voz que me dice: "yo sé a qué has venido", y sentí sus brazos a mi alrededor, produciendo en mí una alegría, un gozo indescriptible, era algo así como una extracción de esos malos sentimientos, como si mi vida se vaciara e iniciara de nuevo, como un volver a nacer, ya sin pesares ni amarguras. La misma dulce y hermosa voz me manda que cruce la puerta, a lo cual yo me negué, pues no podía partir dejando en la parte baja de la colina a mis hijos. Él acepta mi negativa y me deja esta respuesta: el día que quieras pasar, toca la puerta, que yo te abriré. Dije sí y me retiré de la puerta haciendo un

gesto de despedida con mi mano, e inicié mi descenso por la colina, con mi corazón lleno de gozo, un júbilo indescriptible, tal vez ni antes ni después se repetirá.

Despierto de este hermoso sueño y, sorpresa, esa renovación se hizo realidad, no sucedió sólo en mi sueño. Me siento feliz y renovada totalmente. Mi vida pasada ahora es eso, pasado; y reflexionando sobre qué haré de este momento en adelante.

Repasando los recuerdos encuentro un mensaje que me dejó mi madre y que ha sido muy valioso: "Nunca dependas completamente de un hombre; si es tu esposo sé sumisa y respetuosa pero aprende a valerte por ti misma". Así decido inmediatamente conseguir un empleo. Inicio un recorrido mental por todas mis antiguas patronas, pero en este momento se me interpone la responsabilidad con mis hijos, inmediatamente recuerdo a las dulces tías que siempre han estado presentes en mi vida.

Me dirigí a casa de estas adoradas familiares para transmitirles mis deseos y preguntar si podía una vez más contar con su ayuda. Su respuesta fue muy halagadora, pues estaban muy dispuestas a cuidar de mis niños. Ya con estos obstáculos solucionados volví a hacer el recorrido mental por mis viejos trabajos. Hice unas cuantas llamadas y efectivamente en una de ellas pude encontrar mi gran oportunidad. Empieza un nuevo capítulo en mi vida. Mi esposo me puso resistencia ante esta decisión, pero tampoco hizo un esfuerzo para que su situación frente al alcohol mejorara. Pero, ya mi renovada condición mental no permite que esto afectara mi vida futura.

Por esas cosas del destino, mi esposo me ha regalado una Biblia, la tengo muy guardadita sin darle mucha importancia, hasta estos días que he comenzado a trabajar, y en una tarde de aquellas la rescato y decido estudiarla. La leo, pero realmente su mensaje no es muy claro. Son algunos días a la semana que acudo a mi trabajo; la situación en mi casa con mi esposo sigue sin cambiar; en lo económico ha mejorado, ya las necesidades que él no cubre, las cubro yo.

Me encuentro ahora en el mismo ir y venir de mi casa a la casa de las tías, repitiendo el recorrido que en mi infancia hacía con mi madre. Ahora soy yo quien guía y cuida de mis hijos. La diferencia entre mi padre y mi esposo era que este último siempre brindaba apoyo y afecto para mí y para nuestros hijos.

Llegan a mi casa dos señoras, llevaban consigo una Biblia, lo cual llamó mucho mi atención, y me alegré un poco cuando ellas se ofrecieron a ayudarme a entender sus enseñanzas. Fue así como inicié un conocimiento de la Biblia, entendí lo que era un capítulo y un versículo. Encontré mucho rechazo de parte de mi familia porque ellos eran católicos. Este estudio iba avanzando pero encontré algunas incongruencias con el libro que ellas manejaban según con lo que dice la Biblia, la que en reiteradas ocasiones ellas me pedían cambiar, a lo que siempre me negué. En un maravilloso momento y como enviada por Dios, llegó una vecina, me hizo una invitación semejante para conocer la Biblia en un estudio que estaban realizando en su casa. Desistí de las dos visitantes e inicié con mi vecina ese estudio, donde encontré muy pronto las grandes diferencias que estaba viendo entre los primeros estudios y estos. Una de ella fue la revelación de ese ser maravilloso y poderoso, me hablaron de sus grandes milagros. Hasta

ahora y en las enseñanzas recibidas no había descubierto que todo lo sorprendente que sucedía en mi vida y mis alrededores eran obra de este hermoso ser. La palabra que me cautivó, me motivó a saber qué era esta enseñanza, la que buscaba: "milagro". Cuando escuché esta enseñanza, inmediatamente comencé mi relación con ese ser misericordioso que acababa de conocer. Ya había aparecido en mi mente ese primer milagro que Él me iba a conceder. Aquel descubrimiento causó en mí lo mismo que aquel primer día de clase, fue algo supremamente lindo; la misma emoción, la misma incertidumbre, esa euforia que anuncia que algo muy bueno está por llegar. Mis primeras inquietudes fueron respecto a la actitud que debía acompañarme para poder recibir esos regalos de los cuales tanto me hablaban y que ellos llamaban milagros. A estas alturas de mi proceso de cambio en mis conocimientos religiosos, mi familia se opuso; fue algo muy extraño. Tuve muchos altercados familiares a causa de esas nuevas enseñanzas. Nadie sabía que yo sabía dirigirme a mi Padre, no era un entonar y repetir frases sin pensar en lo que decía; aprendí a tener un diálogo verdadero de amigo a amigo con él. Fue en estos diálogos con mi Padre que le comenté la preocupación por la situación que en mi familia se estaba presentando a raíz de mis deseos de conocerlo a Él. Dirigí una oración muy consciente y sentida para que con su orientación pudiera tomar la decisión más acertada; fue una decisión muy dura, tener que renunciar por un tiempo a mi grupo familiar, sabiendo que ellos habían sido mi alegría y apoyo hasta ese momento. Lo hacía para no encontrar obstáculo al proceso que había iniciado.

En una conversación con mi madre espiritual, dialogábamos sobre mi vida y las dificultades que se me estaban presentando, ella tomó su

Biblia, la abrió en el evangelio de Juan, capítulo 15, versículo 7: "Si ustedes permanecen unidos a mí y si permanecen fieles a mis enseñanzas, pidan lo que quieran y se les dará".

Acá terminé de comprender que había un genio que te daba, no uno, ni dos, ni tres deseos, es un genio que te concede todos los deseos que le pidas y aquellos que aunque no los pidas, él sabe que los necesitas. En ese instante entré en una senda de luz, de claridad, donde había recibido una motivación muy fuerte para experimentar todos esos milagros diarios y extraordinarios que Él nos da. También había entendido que no todo era gratuito, que tenía que ir un poco en busca de ellos, ¿cómo sería esto? Aprendí que había unas reglas, unas normas que tenía que cumplir. La renuncia a mi grupo familiar no había incluido a mi esposo ni a mis hijos; él, mi esposo, seguía dedicado al licor y pues nunca fue un obstáculo para mi renovación. El primer año de conocimiento fue muy comprometido con la ayuda de mi madre espiritual, para llegar a profundizar en mi interiorización tenía que quedarme muy claro quién era yo, ella me iba guiando en todos los niveles de mi proceso. Así fue que para llegar a lograr ese conocimiento personal me asignó como tarea el estudio de los cuatro evangelios, y continuar con Hechos de los Apóstoles, hasta el Apocalipsis.

Aprendí quién era yo y descubrí dentro de mí actitudes, comportamientos, hasta sentimientos que no erancorrectos. Mi mayor anhelo en ese momento era cambiar todo aquello que quizá me estaba dañando o dañando a otras personas, todo lo que era un estorbo para lograr recibir mis regalos, mis bendiciones llamadas milagros. Siendo ya consciente que era una pecadora y que llevaba una gran carga a cuestas, me atreví a pedirle ahora sí a mi Padre aquel

regalo que fue el que siempre supe que sería el primero que pediría. Rogué a mi Padre por mi esposo, para que pudiera cambiar ese vicio que tanto daño estaba causando, no solo a él sino a todos nosotros.

Mis estudios y mis súplicas eran constantes en mi vida hasta el día en que Dios me dijo "sí". Recuerdo el día en que mi esposo llegó con la decisión tomada. No, pero no la de sus tragos ingeridos, sino que me dijo: "Por tu bien, por mi bien y el de nuestra familia (que ya estaba a punto de perder), lo voy a intentar". Ya comenzó un duro proceso, muy duro proceso donde él, con su esfuerzo por vencer aquel terrible karma, se convirtió en una persona insoportable venciendo sus tentaciones, con un comportamiento difícil de tolerar. Esta resistencia se hizo para mí más llevadera gracias al dominio y paciencia que Dios me daba por medio del conocimiento de la Palabra y la oración. Ya tenía un poco más avanzados mis estudios bíblicos, lo que generando en mí un cambio radical en las enseñanzas y comportamientos recibidos en mi hogar. Es hora de que mi vida de un giro de 360 grados. Se trataba de comenzar a creer en cosas totalmente diferentes a las que había creído y vivido hasta este momento. Supe que Dios no es una religión, es una forma de vida, la cual no había estado presente mucho en la mía, independiente de los valores morales inculcados para tener muy en cuenta en nuestro diario vivir. Unas prácticas a las que mi familia estaba aferrada no eran parte de esa forma de vida que ahora estaba descubriendo.

Yo decidí no practicarlas más y me acogí a vivir únicamente con base en los conocimientos adquiridos y los que iba a adquirir. Descubrí lo que era el verdadero bautizo en Gálatas 3:26-27: "Todos ustedes son hijos de Dios mediante la fe en Cristo Jesús, porque todos los que han sido bautizados en Cristo se han revestido de Cristo". Supe que aquella

imagen del niño con su faldón entrando en brazos de sus padres y padrinos al templo en pos de su bautizo no lo era todo para llegar a estar en la gracia de Dios. En mí cambia esa percepción, entendí que Dios envía los hijos como regalos para los padres. En aquel momento una mujer concibe a su hijo sin importar las circunstancias; Dios ha enviajo ese bebé a esta mujer; este llega revestido de una gran pureza que quedará así por un tiempo, muy limpio y muy puro. Ese nace con la inocencia que se le ha impartido de lo alto, que lo acompaña en sus primeros años. Desafortunadamente al correr del tiempo esa pureza se va desapareciendo y entra aquella criaturita a caer en sus primeros pecados, y con cada año que avanza se va llenando más de estas sombras. Concluí, luego de orar y pedir la guía de mi Padre, que el verdadero bautizo era reconocer y aceptar que somos pecadores. Fue una confrontación muy dura que se me presentó para tomar esa radical decisión de cambiar la idea que tenía del bautizo, pero acepté la idea que me transmitía la Biblia: "El que no naciere de nuevo no entrará en el reino de los cielos" (Juan 3:15). Acá sí realizamos el bautizo público, en el que me comprometo a ser una nueva criatura por medio del arrepentimiento y un cambio de vida. Lo hice, ahora sería una verdadera seguidora de Cristo. Mi esposo estaba también muy comprometido con su causa, lo que hizo más fácil para mí perdonar todo aquello que había causado dolor en mí ser. Entramos con la ayuda de Dios en proceso de restauración de nuestra relación de pareja, con un detalle muy significativo que quiero compartir. Justo en este momento me comienzo a convencer más de que Dios para mí ha quedado en el primer lugar. Mi esposo quiere hacerme desistir del estudio y profundización en el que participaba y ese gran cambio de vida que ya me había comprometido a hacer; pero con la inmensa fortaleza que Dios me estaba llenando le pude responder: He conocido

a un ser maravilloso, sé que Él nunca me abandonará; si me vas a poner a escoger, no lo hagas, vas a salir perdiendo; sin ti podría seguir viviendo, pero sin Él no lo creo; entonces, me aceptas con Él o te vas tú. Con no mucho convencimiento aceptó sin saber que el principal beneficiado era él; ya tenía una esposa con muy buenos principios morales y ahora contando con el conocimiento de Dios y con su compromiso de tener una nueva vida, lo íbamos a lograr. Íbamos a tener un hogar con mucha estabilidad y tal vez llegar a una vida más feliz. Hasta acá mi esposo no volvió a mencionar mi cristianismo para nada, más bien pasa desapercibido; él sigue siendo ayuda para mí en algunas circunstancias en lugar de ser un tropiezo. En aras de mi cambio de vida y del compromiso de mejorar cada día, un día cualquiera haciendo una reflexión, llegó a mi memoria a la situación en que me vi abocada con mi abuela a causa de mi bautizo como cristiana y mi renuncia al catolicismo.

Para mí fue muy fuerte tener que renunciar al afecto que de mi abuela había recibido, pero teníamos puntos de vista muy diferentes, ella respetaba a las autoridades católicas, las que no llenaban mis expectativas. A raíz de mis investigaciones conocí hechos muy graves con los cuales yo no estaba de acuerdo e hizo que realmente mi camino diera un giro respecto de mi religión. Fue este realmente el punto de partida para mi cambio de vida y de líderes religiosos.

Capítulo 5

Providencia divina

En muchos acontecimientos de mi vida,hoy que tengo más conocimiento y conciencia, puedo reconocer que no tenía aún el gran apoyo con el que cuento ahora: unión con mi Padre Dios. Puedo rememorar aquella vez en que abrí mi propio negocio, no tuve en cuenta pedir a Dios su ayuda, su guía y así fue como dicho proyecto fracasó. Y claro, quedé con una gran deuda en el banco. Eso me causó mucha angustia, pensaba que no iba a poder pagar, no tengo con qué. Ya mi conciencia comenzaba a polemizar con estos pensamientos y cada vez me sentía más triste y confundida. Pudo más mi conciencia que me recordó que como hija de Dios no podía tener descuidado este compromiso adquirido; yo como cristiana tenía que hacer frente a esta situación con todas las consecuencias que ello trajera. El primer afectado fue mi entorno familiar, pues tenía un compromiso con mi esposo de que los gastos familiares iban por mitad. Hasta aquí llegaba mi capacidad para cumplirle a mi esposo, lo que me causó mayor preocupación para dárselo a saber. Sí, la reacción por su parte era obvia, pues él mismo había advertido de las precauciones que hay que tomar al adquirir un compromiso de esa magnitud. Yo no lo escuché y ahí tenía los resultados de esa desatención, razón de más para que él reaccionara de forma fuerte. El día de este suceso se llenó de mucho llanto y la noche se revistió de mucha oración; primero pidiendo a Dios perdón por no compartir con Él y más aún, pedirle ayuda para salir del caos en que me había metido.

Gracias a Dios logré cumplir con los pagos pactados con el banco, aunque en mi casa se notaba la falta de mi aporte, posiblemente no eran muy prioritarias por lo que hacía caso omiso, hasta el día en que mis cosas personales se fueron esfumando con el uso. Como siempre interviene mi gran Papá y suple esa necesidad. Lo más lindo era que llegaba justo con lo que estaba necesitando con mayor urgencia, no con cosas superficiales.

Una de las situaciones en las que sentí muy cerca el apoyo de mi Dios: una de mis patronas decidió realizarse una cirugía, lo que causó que su ropa ya no fuera apta para ella; se hizo un tratamiento para bajar de peso y obvio, tocaba cambiar de ropero. Ella y yo éramos de la misma talla, lo que resultó a mi favor. Saca un gran paquete con jeans y blusas -mire si le sirve esta ropita- dijo, justo cuando tenía un pantalón puesto y el otro secándose para el día siguiente; además, si yo misma me hubiera querido comprar todo lo que ella me regaló, no podía porque mi salario no era bastante como para saldarlo. ¿Puedes captar su grandeza? La provisión de Dios ese día me sirvió para abstenerme de tener que comprar más prendas el resto del año.

Ahora, la segunda ocasión en que vi su apoyo fue: llevo ya casi un año entregando mi sueldo al banco y mis zapatos estaban desgastados. Una de mis patronas me dice: "Ven, dediquémonos hoy a organizar mi closet". Sacamos, doblamos, empacamos y ella con sus zapatos hacía un montoncito a un lado. Terminamos y me dice: "Escoge de ahí lo que te guste". Quedé con una provisión de zapatos de todos los estilos, en los mejores materiales del mercado. Solo basta decir que con el fruto de mi trabajo nunca habría podido comprar esta dotación y es poco si digo que había zapatos para varios años y para cada ocasión. Había un

par muy apropiado, y no eran desechos que estuvieran para tirar, no, era justo lo que yo estaba necesitando. De nuevo pregunto, ¿alcanzas a percibir la grandeza de Dios?

Entre estos regalos llega un momento en que a causa de mi cansancio voy al médico y me recomiendan usar un calzado con unas especificaciones muy claras. Sí, muy bien, pensé yo, pero, ¿dónde voy a conseguir semejante remedio? Y claro, me invita mi esposo a visitar una familiar y nos fuimos, ¿saben qué me encontré? Nada más y nada menos que tres pares de zapatos que me acaba de regalar mi cuñada, exactamente con las recomendaciones que el ortopedista me había formulado. Una vez más Señor, fuiste tú.

Así fue ocurriendo en varias ocasiones de mi vida. Pasó con una vajilla, luego con las ollas, después llegaron las toallas. Él estaba ahí para entregarme justo lo que estaba necesitando, manifestándose por medio de las personas que estaban a mí alrededor. Además de mis necesidades, las de mis hijos también fueron satisfechas gracias a la bondad de mi Padre Dios.

Hoy recuerdo aquella época, mis ojos se anegan de llanto y puedo decir: "qué amor me tiene mi Padre Dios". Es un día normal, salgo con mi esposo en su moto, hay una mancha de grasa en el piso y causa que la moto salga resbalada dejándonos tendidos en el suelo; él muy asustado dirige su mirada al lugar donde estoy yo -¿Estás bien?- me pregunta, -Sí y, ¿tú?- también, aparentemente no hubo nada grave-. Nos levantamos y todo bien por el momento. A los dos días inicia en mi hombro un fuerte dolor, viéndome nuevamente obligada a ir a la clínica. Toman radiografías del brazo y no encuentran nada fuera de lo normal; me mandan a terapias pero el dolor sigue en aumento y mi incapacidad para mover el brazo se ve tornando más notoria. Hacen una tomografía y descubren un tendón roto. Ni siquiera tuve presente orar a Dios implorando su ayuda, me dediqué a

hacer lo recomendado por los médicos. –Señora, en vista de lo delicado de su problema, lo mejor es operar-, -bueno, doctor, como usted lo indique-. –Además, su cirugía es delicada, no se le garantiza el 100% de éxito, adicional a eso, la incapacidad es de 90 días aproximadamente, pero no hay otra alternativa-. Acepté. Se programa la cirugía y me voy a mi casa con mi mente hecha un caos. 90 días sin trabajar, mi brazo puede quedar con problemas, y tengo unas obligaciones bancarias que sabemos no dan espera. Ya no resisto más, rompo en llanto y pienso nuevamente: ¿Señor, tú dónde estás? ¿Dónde te dejé? Ven, acércate que tenemos que conversar, perdóname por dejarte olvidado otra vez. Y como Él no es rencoroso, inmediatamente hace su aparición.

Comienzo a orar, tengo además un diálogo con unos de los líderes de la iglesia, el cual me dice que tenemos que orar mucho porque de verdad mi problema es grave. Con la obra de este milagro puedo iniciar un recuento de las veces que he sentido a mi Padre Celestial tan cercano a mí. Un hecho muy significante fue el día de la olla de presión, sólo sé que algún pequeño detalle me hizo salir de la cocina justo un minuto antes de que esta olla explotara dejando toda la cocina completamente destruida. Ahora el turno fue la caída de la avioneta. Mi llegada al lugar de trabajo era a las 7 a.m., justo a la hora que yo debía salir de mi casa para llegar puntual un fuerte y súbito aguacero comenzó a caer; yo me ofusqué, me preocupé y creo que hasta renegué puesto que mi medio de transporte era la moto de mi esposo. Al pasar unos 15 minutos la lluvia amainó y emprendimos el recorrido hasta el centro de la ciudad donde era mi trabajo. ¿Saben qué encontré en ese lugar? La cocina cubierta por una avioneta siniestrada, su piloto en la puerta de la casa ya sin vida y la casa rodeada por las llamas. Mi patrona me vio llegar y me preguntó: ¿qué pasó que no

llegaste a tiempo? siempre fuiste muy puntual, mira de lo que te has salvado. No hubo más que abrazarnos, llorar, dar gracias a Dios porque una vez más me ha mostrado su amor.

Y el hecho aquel de la balacera, era otro día de trabajo en una de las varias casas donde yo me desempeñaba. Tenía todos los implementos listos para iniciar a lavar la puerta, la pared y pisos exteriores, cuando presioné la pistola de la manguera caí en cuenta que la llave del agua se me había quedado cerrada; me dirigí a la cocina que allí quedaba al fondo de la vivienda, solo fue llegar a la poceta para que se desencadenara justo en el frente de la casa una fuerte balacera. Mi patrona se desesperó mucho pensando lo peor, ella se encontraba en el 2do piso y sabía que yo estaba en la acera, y claro, pensó en lo que podía haber sucedido; yo reaccioné y la tranquilicé avisándole que estaba en el interior de la casa. Cuando ya se hubo calmado el hecho, salimos a la puerta y justo en la pared habían dos agujeros grandes causados por los impactos de los proyectiles. Gracias Dios, otra vez fuiste tú. Otra gran manifestación de su amor fue cuando muy distraídamente crucé esa avenida como si estuviera cruzando el patio de mi casa; salí de mi abstracción cuando el sonido de las llantas de una camioneta se escuchó a escasos 30 cm de mi cuerpo. Noté mi imprudencia cuando el conductor muy asustado bajó de su vehículo y se me acercó para verificar que no hubiera sido lastimada; efectivamente mi gran Dios había logrado que su vehículo se detuviera justo a tiempo. El señor notó mi estado de shock, pues estaba temblando, y me ayudó a terminar de cruzar la calle. Yo me senté, le pedí disculpas y le dije que siguiera su marcha tranquilo que Dios nos había ayudado. Estos no fueron los únicos acontecimientos los que han marcado mi vida con relación al amor de mi Padre Celestial; en

cada día y en cada suceso de mi vida sé que Él estaba presente, siempre apoyándome, guiándome, librándome de muchos males que pueden rondar mi vida y la de mi familia.

Capítulo 6

El propósito

Cada día que recibo de vida doy gracias y buscó respuesta a esta pregunta: ¿para qué Dios me ha querido tener más tiempo en esta su creación? Siempre he tenido muy claro que mi paso por esta vida debe ayudar a que las vidas de mis semejantes sea más alegre, más amable, más productiva en lo posible. Por eso me he dedicado a hacer esta compilación de todo lo que ha marcado mi vida, lo que ha provocado que hoy en los años que tengo de vida haya obtenido cada día más equilibrio emocional y espiritual. Quise compartir contigo aunque te sea un ser desconocido, estos acontecimientos que han madurado mi personalidad, que han abierto mi entendimiento; sé que mi vida no es tan sobresaliente como la de algún personaje distinguido de nuestro país o del mundo, pero sí he logrado a través de ella (no dinero, ni poder que es lo que encontramos en tantos personajes públicos) con cada suceso y circunstancia, ir llenando mi vida de amor, de lecciones que me han ayudado y me seguirán ayudando a darle a mi existencia un sentido. Al hacer cada vez esa pregunta ¿para qué? He pensado que tal vez sea compartir y transmitir este aprendizaje para que tú, a quien este libro ha llegado, puedas, al ir leyendo, descubrir que la vida está llena de lindos detalles: unos grandes, otros pequeños, pero todos, si vas estando consciente de ellos, llenándote de amor y agradecimiento, dándote como resultado tener cada día una gota más de felicidad.

Vamos a iniciar un recorrido por alguno de los hechos más representativos que en nuestra vida pueden estar haciendo un bien o haciendo un mal. Sólo tienes que leer, cerrar un momento tus ojos y ponerte en la situación que te voy presentando para que la apliques a tus vivencias. Analiza y recapacita. Cada suceso de nuestra vida no es suerte o azar; no hay buena suerte, ni mala suerte, solo hay consecuencias de las decisiones que cada día tomamos. En el testimonio de vida que acabo de compartir contigo puedes sentir que hiciste el recorrido de tu propia vida; no todo el trayecto sino posiblemente en algunas de las etapas. A partir de este momento iniciaremos un análisis de algunas malas y otras buenas consecuencias del modo en que se desarrolla la vida de cada uno de nosotros; tal vez muchas veces con resultados de la formación recibida en nuestros propios hogares, otras más bien causadas por la no aceptación de las normas que nos quisieron impartir en esa formación nuestros padres. De ahí depende que en tu vida se vea reflejada unas buenas y otras no tan buenas consecuencias. Para poder hacer este análisis debes pensar ante todo en aquellos preceptos que nos rigen o de los cuales nos debemos asir para que nuestra vida y nuestra alma vayan realmente por la senda que nos lleva a percibir unos frutos positivos en nuestro diario vivir. Si al terminar este análisis que vamos a hacer incluyes que no ha sido tan positivo, te invito para que recapacites y te asegures de la riqueza que hay en tu interior, riqueza con la que nuestro Dios nos ha dotado, para que cuando tú lo decidas, cambies esos malos o errados procederes por actos más enriquecedores y llegues a obtener para tu vida los frutos positivos para los que fuimos creados.

Capítulo 7
¡Vivencias de otros!

1. EL AUDÍFONO ESPÍA:
Una amiga estaba sentada en un parque, yo pasé por allí cerca y la vi en una situación un poco rara, ella se reía sola; yo me preocupé, me acerqué y le pregunté -¿Estás bien?-, -Sí- me dijo. Entonces, -¿Qué haces ahí riéndote sola? Ella me dijo que por pasar el rato había cogido un audífono espía y que estaba escuchando sin que nadie lo notara, las conversaciones que estaban teniendo las personas que estaban alrededor; a ella le pareció muy gracioso; yo claro, se lo reproché. Pero, su respuesta fue:- Es muy bueno escuchar lo que las personas dicen cuando creen que nadie más los está escuchando o viendo. -¿Te gustaría que alguien hiciera lo mismo contigo?- le dije. –No tengo nada por ocultar, libremente pueden escuchar lo que digo o hago, porque sé perfectamente que soy íntegra –respondió.

De la misma forma nuestro Padre Dios con tecnología o sin ella se da cuenta de todos y cada uno de nuestros actos. Él sí sabe yo cómo realmente estoy viviendo ese mandato de amor que nos dio y para el cual debemos vivir. Hebreos 4:13.

2. CONVERSACION CON LUPITA:
Lupita es una hermosa joven, que usa sus atributos físicos para obtener lo que quiere; al correr los días vi que esta niña solo buscaba obtener cosas materiales como por ejemplo ropa de marca, una buena moto, sin importar ni con quien salía, ni que haría para obtenerlos. Su actitud me decepcionaba cada día más. Pasadas unas semanas me di

cuenta que se había hecho una cirugía para aumentar su busto; a partir de ahí comenzaron sus "progresos" en palabras de ella, se trasladó a vivir a un bonito apartamento y ni qué decir de los paseos que se daba.

En una oportunidad que tuve de hablar con ella me contó que sus "progresos" se debían a que tenía muchos amiguitos que eran muy caritativos y le ayudaban económicamente. Para mí, según mis principios, eso se llama comercio con su cuerpo, pues amigos no le entregarían tantas dádivas sin una contraprestación.

Es triste encontrar personas que no valoran su cuerpo, que no saben que no les pertenece, porque nuestro cuerpo es morada del Espíritu Santo. ¿Tus acciones honran tu cuerpo como el templo de Dios? 1 Corintios 3:16.

3. CÓMO OLVIDAR A ESE QUERIDO AMIGO HOMOSEXUAL QUE UN DÍA ME PREGUNTÓ, ¿POR QUÉ DIOS ES TAN INJUSTO CON NOSOTROS? ¿POR QUÉ DICE QUE SEREMOS CONDENADOS?:

Yo le pedí a Dios que me iluminara para darle una respuesta a este joven. -Ya sabes- le dije, -Dios a todos nos dijo que tomáramos nuestra cruz y le siguiéramos. Depende de cada quien si asume el reto de seguirlo, teniendo en cuenta que no es fácil, pero que con total certeza se logrará. Además tienes cualidades que muchos de nosotros no tenemos, pero sí, así tú digas o muchos digan que ustedes nacen, no se hacen, en la Biblia solo aparecen dos sexos: hombre y mujer, lo que sea diferente a esto no es algo natural, sería una aberración de la cual hay que salir para poder ser salvos. Igual pasa con un heterosexual que tenga otra aberración como podría ser relaciones sexuales antinaturales; también debemos salir de ella para ser salvos. La

relación sexual existe para procrear y como una manera de demostrar el amor físico, todo lo que esté por fuera de esta regla no es natural. Dios nos da unas normas y además nos da fortaleza para cumplirlas. Nos dio la vida de su Hijo para que fuéramos redimidos-.

Si yo tengo un pecado en el cual recaigo constantemente, Dios nos pone los medios para llenarnos de amor, fe, caridad y poder para salir de él e ir en busca de la salvación. Siempre estoy de la mano de Cristo y nada me vencerá (Romanos 8:31-35 y Corintios 6: 9-11).

4. ¿QUIERES QUE HABLEMOS DEL EGO?:
Cuando empecé mi concientización en la fe, me ocurrió algo especial. En un momento de revelación divina, Dios me dejó ver que yo era un ser egoísta, vivía pensando y criticando el obrar de los semejantes; en ese instante, infinidad de errores y fallas que yo había cometido llegaron a mi cual dardos lanzados del exterior, mientras más consciente estaba yo de todo esto, más triste me ponía. Fue una confrontación muy fuerte conmigo misma, pero fue el principio de un cambio radical en mi vida. Pedí, con llanto en mis ojos, perdón a Dios, rogué que a partir de ese momento me ayudara enormemente a cambiar los aspectos negativos en mí que no me permitían progresar en mi vida espiritual.

Muy cercana a mí tenía una persona con la cual discutía mucho, por cualquier insignificancia peleábamos. Al hacer esta reflexión supe que nuestros egos vivían enfrentados. Le comenté la conclusión a la que yo había llegado y de paso fue una ayuda, pues también quiso hacer su promesa de cambio. A partir de ese momento mejoraron enormemente nuestras vidas.

Agrada a tu prójimo, no a ti mismo. Romanos 15:1-6.

5. DIOSES TERRENALES:

¿Dioses terrenales? ¿Eso qué es? ¿Será que no es cierto que hay un solo Dios? Pues, sí hay un solo Dios y a eso quiero que lleguemos. Lo único o mejor dicho al único que debemos adorar es al Padre Celestial, único amor verdadero.

Entonces, ¿eso de dioses terrenales? Sí, es todo aquello a lo que hoy muchos de nosotros nos estamos dedicando a rendir honores, ¿cómo cuáles? El dinero, la belleza, un equipo de fútbol y en ocasiones el trabajo se convierte también en un dios terrenal, el deseo incontrolable de querer tener poder. Pero, ¿por qué el nombre? Nos obsesionamos de tal forma por esto que nos gusta, que ya para nosotros no existe nada más.

Recordemos nuestra principal enseñanza: Amarás al Señor tu Dios con todo tu corazón. Pero se nos ha olvidado vivir confirme a ella. Nos hemos inventado unos dioses en nuestra vida, nos hemos olvidado de vivir en el amor. Queremos muchas veces, por encima de todo, cueste lo que cueste, lograr conseguir ese dios.

Con mucho o poco, estemos seguros que podemos ser felices. La felicidad está en nuestro corazón sí y sólo sí vivimos conforme al primer mandato que Dios nos dio. Volvamos al amor primero, aquel que nuestro Padre nos enseñó.

En muchas ocasiones esos ídolos son personas que destruyen nuestras vidas completamente. Por ejemplo, una traición de cualquier aspecto se siente como si el mundo se derrumba, los sentimientos que se experimentan penetran hasta lo más profundo de manera que solo se contempla la muerte como única salida o que el tiempo vuelva

atrás. Muchos se levantan nuevamente con el simple deseo y propósito de saciar su ira por medio de venganzas, que muy bien sabemos, no mejoran sino que envenenan el alma. ¡¿Cuántos arruinan su futuro por una mala decisión?!

¿Sabes? Hay una manera, o más que manera, hay alguien que trae esperanza, libertad, sanidad y sobre todo amor. Todo lo que necesitamos para ser restaurados. Si sólo nos dejáramos amar por él seríamos consientes de cuán agradable y confortante es estar en sus brazos.

6. ¿POBREZA O IGNORANCIA?:

Hace unos días escuchaba la FM que hablaba de la vivienda de los pobres, especialmente de las mujeres cabeza de familia. Quiero que juntos analicemos y reflexionemos al respecto.

En la época de nuestros abuelos (no de todos, pues no podemos generalizar) sí podríamos hablar de pobreza en aquellos lugares donde había escasez de recursos económicos. Pero, en la actualidad, donde hay más avances en información e informática, creo que no podemos hablar de pobreza, sino más bien de ignorancia y mala administración. Estamos llegando a un círculo vicioso donde nos vamos encontrando con una cantidad de obstáculos para encontrar una vida con sentido, modo de vivir sin demasiadas presiones. ¿A qué se debe todo este caos? Hemos llegado ante todo a un grado de consumismo enorme. Hoy los hijos quieren tener la ropa de marca, los zapatos más costosos y ni hablar de tecnología: el último celular que salió al mercado y los videojuegos más caros y si no están en el colegio de estrato más alto no serán bien vistos por sus amigos. Pero veamos, con todo esto de

tanta información al alcance los jóvenes no se preocupan por aprender valores o conocimientos.

En medio de su poca educación en valores estamos viendo una sociedad invadida por los bebés llegando a este mundo sin hogar. No se puede llamar hogar a una madre adolescente sin el respaldo muchas veces de un padre para su hijo. Comienza ahí el calvario para esta madre sin preparación, sin educación, información para proveer a este hijo de las mínimas necesidades para salir adelante en las dificultades de esta vida. ¿Será esto síntoma de pobreza o de ignorancia?

Debemos luchar cada vez más por brindar a los jóvenes, llámense hijos, nietos, alumnos, etc., una verdadera educación en valores morales pero también éticos y sociales. Aprovechar toda esta tecnología que tenemos a nuestro alcance para que vean y analicen a dónde se puede llegar si no planeamos nuestra vida.

Es triste ver a un joven que quiso estudiar, pero por descuido, desinformación o no planear, ya es padre de uno, dos y hasta tres hijos. Ya tocó renunciar a su sueño de estudiar, ahora a trabajar con un pequeño mínimo para repartir entre sus necesidades personales y tres hijos, que en ocasiones son de madres diferentes. ¿Podemos hablar aquí de pobreza?

7. EN BUSCA DEL PARAÍSO:

¿Es posible que andemos en busca de un Edén, nosotros que fuimos premiados con el mejor que podría existir?

En estos días tuve la oportunidad de ir de paseo, no me alcanzaba el sentimiento para admirar y apreciar la riqueza que nuestro Padre puso a nuestro alcance. Entonces, en medio de este tesoro, ¿por qué tenemos que andar buscándolo? Muy sencillo y triste a la vez que luego de recibir este paraíso en el cual vivimos, nos dedicamos de una manera y otra a destruirlo a dañar esas maravillas que recibimos.

Tan sencillo como esto: a diario vemos en noticias las luchas sin cuartel que libran los grupos al margen de la ley, bañando en sangre nuestros verdes campos; terrenos perdidos así para nuestro disfrute y sin violencia, pero con sed de riqueza vemos convertidos en desiertos las más hermosas llanuras por la minería, y deforestación. Es así como se nos va perdiendo ese maravilloso lugar. Y aún más esa ceguera que se apoderó de nosotros. Vas caminando a algún lugar y tienes la osadía, diría yo, de levantar tu cabeza, mirar a lo alto y contemplar por algún momento el cielo azul, esa nube que cruza sobre tu cabeza, ¿sientes la suave caricia del viento en tu cara? ¿alcanzas a escuchar tal vez el canto de ese pajarito que pasó por tu lado? ¿cierto que no? Esta es la ceguera y sordera que no nos deja disfrutar ese paraíso del que somos dueños. ¿Viste el jardín por el que acabas de pasar? ¿sentiste siquiera su fragancia? ¿saludaste a ese niño o a ese anciano hermoso que te acabas de encontrar?

Así es como estamos acabando nuestro planeta. Recuerda pues, y ten presente que lo más valioso muchas veces no lo captan nuestros ojos o nuestras manos, lo captamos con nuestros sentimientos y lo disfrutamos con la sensibilidad del corazón. Mira no más la riqueza que hay en el corazón de nuestros campesinos cuando pueden cultivar y disfrutar su tierra. Lo más sencillo, lo más noble y puro rodea su vida. Están disfrutando de esa posesión dada por Dios.

Para que sepas de lo que estoy hablando o conozcas el paraíso que es nuestro país, recuerda, si la viste o no lo has hecho, te recomiendo ver la película "Colombia, magia salvaje".

8. SI TE DAN EN UNA MEJILLA, PON LA OTRA:

Esto es lo que nos enseña nuestro Padre. Nadie dice acá que es algo literal, es una forma en que nos habla nuestro Padre enseñándonos el amor y el perdón. Mira un ejemplo de esto y cuando termines de leerlos reflexiona y trae a tu memoria otros casos semejantes.

Un día tuve la oportunidad de escuchar esta historia, léela: en algún lugar había una linda rivera con el más majestuoso paisaje. Como la construcción cada vez aumenta en nuestro país, a aquel lindo lugar llegó una constructora para iniciar un proyecto de viviendas. Tal vez por ser reacios al cambio o temerosos a él o por egoísmo, cuando se dieron cuenta de esto comenzó la lucha en pos de no dejar realizar lo proyectado con excusas como: "es que nos tapan la vista", "habrá mucho ruido", en fin, muchos inconvenientes se le presentaron al dueño de ese proyecto. Pero la vida es así, de alguna manera nos da lecciones. El proyecto se logró llevar a cabo pues tenían todos sus permisos en orden. Quedó lindo y el lugar que sólo estaba habitado por casas sencillas mejoró su paisajismo.

Aquí viene la gran lección. Había dicho que era una rivera, cerca de allí había un río; llegó el invierno y ese río que nunca se había salido de su cauce se desbordó. Las mayores consecuencias del desastre las llevaron los habitantes de las casitas sencillas, el río arrasó sus pertenencias. Mira cómo aparece el amor del Padre.

En aquel edificio estaba viviendo el dueño del proyecto, la persona a la que aquellos vecinos le habían puesto demasiados inconvenientes meses antes. Él fue quien primero llegó a apoyar, a dar hospedaje y a llevar todo con lo que pudiera ayudar. Sólo llegó a su ser la necesidad que esos hermanos tenían, sin pensar siquiera que eran los mismos que casi impiden que su obra se realizara; sólo su sentimiento de amor al prójimo brotó en ese momento. El verdadero valor del amor y el perdón se manifestó. Qué lindo corazón el de esa persona, que sin importar, de manera inmediata ayudó a quienes lo necesitaban.

9. ¿CUÁNTO VALE PARA TI EL SER HUMANO?:

Es simple. Toma el periódico, sintoniza las noticias, cantidad de información a diario de violaciones, maltrato a los demás, robo de pertenencias y lo peor, asesinatos. ¿Qué podemos concluir de todo esto? Que estamos echando al piso el valor del ser humano, que estamos perdiendo los valores con que fuimos educados. Ya no importa el dolor que se le pueda causar al prójimo con todos estos eventos que presenciamos en nuestro diario vivir. Cada día vemos en aumento el maltrato intrafamiliar. A una esposa, a un esposo, a un hijo. Hijos matando a sus padres, padres matando a sus hijos y más. Esto se convierte en un triste círculo vicioso; el niño y el joven que recibe maltrato, que vive en medio de la violencia, se convertirá luego en un maltratador. Ahí es donde nuestra sociedad va sufriendo las consecuencias de esos actos de muchos, que la mayoría de las veces tienen su origen en comportamientos familiares.

Llevemos nuevamente al ser humano a ese gran valor que le corresponde, "Somos templos vivos del Espíritu Santo" (2 Corintios 6:16), por lo tanto le debemos sólo amor y respeto. Es un caso muy apropiado para que analicemos acá: la salud en Colombia es igual que

si dijéramos que el ser humano no importa, no vale nada; cómo es posible que llegue a una clínica una persona con un gran sufrimiento (dolor, enfermedad), y en muchas ocasiones le toca esperar horas y hasta días para ser atendido, y en oportunidades salir de allí para otro lugar porque ahí no puede ser tratado (el mal llamado paseo de la muerte). Es otra muestra más de lo poquito que para muchos está valiendo el ser humano.

Lo que quiero con esta reflexión es que nos concienticemos, que pensemos en esas leyes que como cristianos deberíamos cumplir; no es por temor a un castigo que quiero que actuemos, sino que sea ese amor a nuestros hermanos, ese que Dios nos enseñó, el que nos lleve a amar y a respetar a esos seres que cruzan nuestra vida. Es muy común en nuestro tiempo ver personas que tienen que desplazarse de sus lugares de origen por temor a otros que han amenazado sus vidas. Qué triste que no sea Dios el único que pueda coordinar nuestros días. A eso es a lo que quisiera que llegáramos, que el amor a Dios y al prójimo nos ayude a vivir la vida que como seres humanos nos merecemos. Es un ejemplo de amor para nosotros ver a una leona defendiendo a sus crías. Creemos que como humanos somos menos salvajes que algunas razas de animales, pero nos comportamos en ocasiones peor que muchas de ellas.

Vemos el amor incondicional con que las hembras defienden sus crías, mientras que muchas veces las mujeres son capaces de asesinar a sus propios bebés.

¿Por qué estamos actuando así? No actuamos con amor, actuamos muchas veces por temor. Es más importante el qué dirán, el miedo de las consecuencias que el amor que debería impulsar nuestras vidas.

Y aquí aparece el círculo vicioso del que hablábamos. Niños criados en hogares sin amor, sin educación en valores, niños que sufren las consecuencias de una vida familiar mal llevada.

10. NO TE ENRIQUEZCAS A COSTA DEL SUFRIMIENTO AJENO:

¿Has caminado por tu vida solo viviendo? O, ¿te has puesto a analizar las situaciones que te hacen pensar, ¡pobre señor! ¡pobre niño!? ¿sí se te hace conocida esta expresión? Pues bien, hablemos un poco al respecto. Bueno, mencionemos algunos casos en los que a las personas les importa poco ver a sus semejantes cargando con problemas y tristezas, lo único que les importa es ver sus cuentas bancarias o sus patrimonios creciendo aun a costa de esos dolores ajenos. Uno de estos casos, las mal llamadas vacunas u extorsión, presentándose esto hasta a los más pequeños tenderos del barrio. No logran sacar de sus ganancias para sus necesidades, pero para aquellos maleantes sí, y toca sacar solo por el peligro de perder la vida y las de sus familiares. Es una tristeza.

Ahora pensemos en la persona de un nivel social superior que muy cómodamente nos hace el préstamo de dinero, ¿has pensado cuánto hay que pagarle por ese favorcito? Son intereses exagerados, teniendo en cuenta que al señor éste no le importa cuánto esfuerzo tendríamos que hacer para lograr cumplir con ese compromiso; al extremo de llegar a matar a su acreedor en el caso de no poder pagarle. ¡Es triste!

Y ahora la forma más popular o conocida de infligir un sufrimiento a nuestros semejantes con el fin de acrecentar grandes riqueza. ¿Las E.P.S se te hacen conocidas? Sí, esas, las que cada día tienen sus arcas, sus cuentas bancarias en Colombia y en el extranjero cada vez más llenas, sus patrimonios creciendo y sus usuarios cada vez más jodidos.

No hay agenda con el médico, el paseo de la muerte, el medicamento está agotado, no hay contrato con especialistas y una lista interminable de disculpas para no brindar el servicio a sus usuarios, aunque éstos sí tienen que pagar muy cumplidamente para que no les vayan a retirar el servicio, y esto sí que genera tristeza, pues diariamente escuchamos de personas que pierden su vida por esta causa. En las SAGRADAS ESCRITURAS nos hablan al respecto, leámoslo, llevémoslo en nuestra vida diaria.

11. ¿POR QUÉ MALTRATO A LOS QUE AMO?:

¿A quiénes podríamos llamar «los que amo»? Mi madre, mi padre, mi hijo, mi hermano, mi esposo, mi esposa; toda la familia cercana son los seres a quienes le damos y de quienes más recibimos amor. Pues así es como debería ser, pero desafortunadamente esta vida moderna nos está llevando a sentir (aparentemente) de otra manera. Vemos cantidad de personas que se han convertido en luz en la calle y oscuridad en sus casas; son personas que muestran lo mejor de sí con sus amigos y compañeros pero en sus hogares son totalmente diferentes; responden de mala manera, brindan poca atención, nunca ofrecen su apoyo. Y es a éstas personas a quienes realmente deberíamos brindar lo mejor de cada uno de nosotros. Son Nuestra sangre o nuestra familia, esa familia que surgió porque en algún momento entre dos personas hubo ese lindo sentimiento llamado amor; amor que recibimos y amor que debemos compartir. Recuerda pues, a tu familia se le da lo mejor de ti.

12. ¿SIEMPRE ESCUCHAS A DIOS?:

Hace algún tiempo yo tenía una amiga muy cercana, de un tiempo para acá comencé a tener unos sueños con ella, eran sueños muy duros donde se suicidaba. Yo no le presté importancia ni tampoco le

mencioné el tema, pues no alcance a percibir algo que me diera pensar que se haría realidad aquel sueño. Siempre la veía muy ecuánime y alegre, tenía un novio al que quería mucho y con el cual tenía una buena relación, pero cuál sería mi sorpresa cuando a los pocos días recibo la llamada de su madre informándome que ella se había suicidado. Su novio se consiguió otra novia y la dejó, lo cual desencadenó una grave depresión que la llevó al suicidio. Cuando recibí el mensaje pude reflexionar al respecto y llegué incluso a sentir gran remordimiento porque con Dios hay muchas formas de comunicarnos, no sólo orando. A veces hemos tenido sueños, presentimientos, o las llamadas premoniciones que para una persona que tiene fe más fácil será un mensaje de Dios, los cuales deberíamos aprender a escuchar.

También hice un paralelo con el hecho en sí, analicé el suicidio como una renuncia a la vida, pero concluí que en la vida también deberíamos realizar un suicidio: suicidarnos a todo aquello que nos hace daño, un suicidio al odio, un suicidio al egoísmo, un suicidio a todo lo que causa daño a nuestros semejantes; porque así como un suicida tiene el valor de renunciar a su vida, así deberíamos hacer nosotros, tener mucho valor para quitar de nosotros todo esto que no nos permite estar en paz. Porque tú sabes que no hay mejor almohada que una conciencia tranquila. Entonces sí, éste debería ser el único suicidio al que nos deberíamos someter. ¡Anímate!

13. FUIMOS ESCOGIDOS:

Estaba de paseo en una zona especializada en cultivos de flores; vi cómo sus trabajadores seleccionaban en un lugar las más lindas flores, las más grandes, sanas y de lindos colores. En la segunda oportunidad estuvo seleccionando las que eran de tamaño más pequeño pero muy

sanitas. Y por último, seleccionó las que estaban con sus pétalos maltratados; las tomó con mucho cuidado, sacó sus pétalos malos, las limpió y muchas de ellas dejaron al descubierto un hermoso capullo, que muy escondido entre pétalos malos había quedado sin lastimar. Así terminó de clasificar esta linda mercancía que debía cumplir unos estándares de calidad para poder ser exportadas. Una, dos, tres oportunidades para clasificar en tan estricta selección y al final sólo quedó la basura, aquello que ya no se podía mejorar ni aprovechar, ya sólo eran desechos.

Te voy a dar unos minutos para que hagamos una reflexión, llévalo a la práctica, a la vida diaria, ¿listo? ¿se te pareció a algo? Mira en lo que yo pensé. Dios como Padre bueno nos llamó, hizo todo para escogernos como hijos suyos, dio su vida para que fuéramos salvos del mal, pero como buen papá nos dio toda la libertad que queramos para llevar nuestra vida. Es así como tú, yo y todos los demás trazamos un sendero o una ruta para nuestras vidas, lo que siempre hemos oído: el camino recto, el fácil o el difícil. Ya está claro que un camino fácil es un camino sin normas, sin compromisos, donde hacemos quizás, daño a los demás y como no, lastimamos nuestros pétalos, pero allá en el fondo y en el momento que lo deseamos podemos corregir ese camino mal andado; pedimos ayuda al Padre y él nos asiste para sacar de nosotros esos pétalos malos y quedamos listos para vivir una vida como Dios la propone.

Al primer grupo pertenecía la gente muy comprometida con llevar una vida ejemplar, dando testimonio para que aquel que la vea descubra ese representante de Dios, que su vida sea realmente como las flores que primero se seleccionaron por su calidad. Teniendo en cuenta,

claro está, que somos humanos, no dioses en la tierra; pero debemos estar cada día en esta lucha por alcanzar sabiduría y santidad.

Aprendamos pues a sacudir de nosotros, cada día, esos pétalos malos, la envidia, rencor, lujuria, mentiras, ya que si no quitamos de nosotros estos pétalos dañinos no sólo habrá consecuencias espirituales, sino también corporales. Como consecuencia de estos malos hábitos nuestro cuerpo también se hace daño, y entonces se echaría a perder ese lindo capullo que hay en nuestro interior.

Y, como último grupo, encontraríamos a aquél cuyo camino es muy amplio, no esperan y no viven conforme a la voluntad de Dios. Muchas veces encuentran en sus caminos personas o hechos que quieren hacer que abran sus ojos y corazón y acepten el amor de Dios, pero no, para ellos sólo basta lo material, el dinero, los vicios, la carne; sería lo que en el cultivo quedó como inservible.

Como buenos hijos de Dios podemos orar por ellos para que se quiten las vendas y entren a un camino tal vez más estrecho, pero al final más fructífero que es llegar a vivir en el amor de Dios.

Tengamos siempre presente que nuestro obrar no esté condicionado a un miedo o temor a Dios, pues él es un Padre misericordioso; con nuestras buenas acciones solo demostramos que vivimos en un gran amor correspondido. Él nos da su amor sin que nosotros hubiéramos hecho algo para merecerlo, simplemente nos lo da y yo le correspondo con más amor y buen obrar. A pesar de que en el tiempo presente hay muchos que dicen que es cuento, que no existe, recordemos que es nuestro genio, nuestro Padre que sólo tiene cosas lindas para

nosotros. ¿El aire existe? Sí, no lo veo pero sin él no podría vivir. Igual es con nuestro Padre Dios, no lo vemos pero lo sentimos.

14. ¿ESTÁS PREPARADO PARA EL BANQUETE?:

Imagínate que estás en un gran banquete: mesas bellamente vestidas, blancos manteles y hermosas flores decorando el lugar. Sobre estas mesas ricos manjares servidos; todos los invitados con sus mejores vestidos preparados con tiempo para la ocasión. En un instante se presenta el anfitrión igualmente vestido y preparado para el gran acontecimiento; está feliz de ver a todos los invitados que aceptaron su llamado, ellos estaban realmente como él se imaginaba que llegarían desde el momento de haber enviado la invitación (razón por la que las entregó con mucha anticipación). Estando allí reunidos se presenta alguien que no está en la lista de invitados, un habitante de calle. El anfitrión se indispuso mucho ya que esta persona además de verse mal también olía mal. Esto le pareció incómodo, pues no estaba haciendo sentir bien a sus invitados. Él se dirigió al hombre y le dijo: "no me importa que hayas acudido a mi llamado aun sin ser invitado, pero debo decir que sí me importa que no te hayas preparado para la cita. No tenías que venir elegantemente vestido, sólo debías estar limpio. La falta de preparación impide que puedas entrar al recinto, al sitio que hermosamente he preparado para mis invitados".

Estamos ante el gran acontecimiento de nuestra vida, es el evento para el cual estamos invitados por nuestro gran anfitrión, nuestro Padre Dios. Él nos hace cada día el llamado al gran banquete, para éste no es importante cómo vivamos nuestro tiempo en la tierra, tampoco es relevante si tenemos o no tenemos bienes materiales, ¿qué es importante para él? que vivamos en el amor como él mismo nos dio ejemplo, hagamos buenas obras cada día, evitemos caer en las

tentaciones que nos pone el mundo, pongamos una verdadera dedicación a lo que es importante en nuestra vida mental y espiritual. Cuando dejemos nuestra vida terrenal lo único que contará al final serán los buenos comportamientos, las buenas obras que realizamos ; pero lo más importante es haber aceptado a Dios como nuestro Señor; para él no es importante si se envió o no una invitación, para él todos somos invitados a estar en su presencia por siempre; por eso al final sólo entran a compartir con nuestro Padre Dios aquellos que lleguen limpios de corazones y debidamente preparados para asistir al banquete que él nos ha preparado.

15. ¿HACES TUS DEPÓSITOS PARA OBTENER EL TESORO?:

Sí, eso te pregunto, pero no estamos hablando de dinero, ni de bienes materiales, hablemos aquí del gran tesoro que se va forjando cada día en el seno de la familia, esos depósitos que día a día vamos haciendo con nuestras acciones dentro de esa célula de la sociedad. Aquí debemos empezar por la base que tenemos que es el matrimonio. SÍ, esa es la base de una familia.

El matrimonio debería ser la decisión más importante de nuestra vida. Hoy se nos ha vuelto algo desechable y tenemos que luchar para que vuelva a ser cómo lo dice la Biblia, hasta que la muerte los separe.

Y, ¿por qué debería ser así? Pues, es en el matrimonio, en el seno de una linda familia donde sacamos unos grandes tesoros: los hijos. Un tesoro que al llegar a su edad adulta vamos a entregar a la sociedad (Efesios 5:21-33). Entonces, como consecuencia de esto, debemos ver el matrimonio como una alcancía donde inicialmente hay dos personas haciendo cada día unos pequeños depósitos, para formar más adelante ese o esos tesoros. Nuestros aportes de cada día consisten

en pequeños esfuerzos y sacrificios, mucho amor y dedicación. Porque el matrimonio es eso, renunciar un poco a aquello que nos gusta, claro está, sin renunciar a vivir nuestra vida; ya no somos aquellos jóvenes locos e indisciplinados, ya debo ser alguien realmente comprometido.

Debes adquirir unas responsabilidades que tal vez en casa de tus padres nunca quisiste adquirir. Es estar consciente de que ya no eres una persona solamente, eres un gran pilar que brinda y también recibe apoyo de su pareja. Si uno de los dos pilares afloja, esa construcción llamada matrimonio empezará a fallar.

Es así como debemos dejar de lado muchos egoísmos y aumentar en humildad; no es agacharnos y dejarnos pisotear, en ningún momento, pero sí es pensar un poco en hacer que esa persona, compañera de vida, se sienta importante, se considere que vale mucho gracias a unos mínimos detalles que yo como su compañero o compañera le puedo brindar. Esta sociedad que estamos conformando nos tiene que hacer pensar que las decisiones que antes tomamos solos hoy debemos tomarlas entre dos personas, con el fin de que esa barca nos lleve a puerto seguro; hay que mover esos remos en forma pareja y compartida. Esta sociedad conyugal es el compromiso que adquirimos; será el fundamento para lograr, como ya lo habíamos dicho, entregar uno o varios tesoros, los hijos. (Efesios 1: 5-20).

Si hoy analizamos lo que pasa con los jóvenes(vicios, malas decisiones, pocas ganas y falta de compromiso para hacer su vida útil, madres adolescentes, etcétera) podemos concluir que en la mayor parte de estos casos las causas son estas: (a) falta de un hogar comprometido con la formación de sus hijos, sin decir acá que sean solamente problemas económicos, pues estos problemas se presentan hasta en

las mejores familias; (b) en algunos hogares de clase alta se ve muchas veces que la falta de amor y de atención a los hijos se quiere suplir con bienes materiales, siendo también esta una causa de destrucción para ellos. (c) Vemos cómo todos los vacíos afectivos que van quedando en las personas se intentan suplir con cosas siempre nocivas. Muchos errores que cometemos en la juventud pueden darse por desinformación, pero también porque se escogen como una opción de vida. Hablando hace unos días con una persona que trabaja con población vulnerable, me contaba cómo muchas adolescentes quedan embarazadas no por desinformación, sino porque ellas así lo habían querido aunque tenían muy claro que era algo delicado. Algo que era importante para ellas era saber que al fin iban a tener a alguien para quien realmente serían importantes, sintiendo que así llenarían quizás esos vacíos afectivos dejados por un hogar que poco o ningún amor les había brindado.

Es así como comprobamos una vez más que la familia es la célula de la sociedad. Hagamos con compromiso esos depósitos, y la sociedad nos lo agradecerá en el momento en que ese tesoro al llegar a su edad adulta salga a luchar y hacer su vida con un comportamiento ejemplar con el propósito de hacer de este mundo algo mejor de lo que lo encontró. La Biblia nos ofrece una guía para cumplir con estos compromisos con lecturas y enseñanzas, aquí les dejo dos sugeridas: Efesios 4:17-31 y Romanos 12:9.

16. BIENVENIDA LIBERTAD:

Me encontraba disfrutando de un delicioso paseo en la playa. Me senté un rato a contemplar el hermoso paisaje, el sonido de las olas, la suavidad de la arena y la suave brisa que me acariciaba me parecieron relajantes. Estaba en una reflexión cuando cerca observé un grupo de

señoras; sí, señoras solas. Me causó novedad que entre ellas no hubiera un solo hombre. Al poco rato de haber pasado esto ya me había integrado con aquel grupo y no me resistí a hacer la pregunta que me inquietaba, ¿por qué todas están solas? ¿sin pareja, mejor dicho? Una dijo, soy soltera; la otra, viuda; y una de ellas dijo, felizmente separada. Ya que llevo tanto tiempo casada quedé pensativa, ¿felizmente separada?

Bueno, ella tal vez notó mi inquietud y me dijo, "te voy a decir el porqué". Así comenzó narrando el suceso que la había llevado a tomar tal determinación: "no te asustes que esto que me pasó a mí es más común de lo que imaginamos. Yo fui durante todo el tiempo que duró mi matrimonio una esposa y madre ejemplar, en el buen sentido de la palabra cumpliendo con mis obligaciones, llevamos un matrimonio supuestamente feliz. Fui educada como la mayoría de las mujeres en la época, con buenos principios y con miras, casi únicamente, a tener un esposo y unos hijos a los cuales debía consagrar mi vida. Pocas veces trabajamos fuera del hogar y yo fui una de esas. Mi vida sólo giraba en preparar alimentos, asear la casa y mantener ropa limpia para mi familia; claramente ahora veo que renuncié a mi vida por vivir la vida de mi esposo y mis hijos. Si tú nos hubieras conocido y yo también lo creía en esa época, éramos una familia feliz".

"No te he dicho, fueron cinco hermosos hijos los que llegaron a nuestro hogar. Bueno, ellos hicieron su vida, estudiaron, se casaron y yo acá estoy. Cuando mi último hijo se casó ya nada fue igual, me sentía extraña, sola y tal vez con un poco más de tiempo para analizar aspectos de mi vida, de nuestra vida. Comencé a notar pequeños detalles raros, insignificante quizás, pero los alcancé a percibir. Así llegó el día en que supe una vez más que en esta vida nada se queda oculto.

Alguien, un anónimo, me llamó a mi teléfono y me dijo: "su esposo tiene una amante". La verdad sentí que me moría, lloré toda la mañana, no lograba admitirlo; pensaba que había fallado en algo. Me derrumbé totalmente. No era justo que esa persona a la que yo había dedicado mi vida entera, por la que había renunciado a tantas cosas, a estas alturas de la vida me correspondiera de esta manera".

"Estaba ansiosa porque llegara mi esposo y a la vez tenía miedo de enfrentar esta situación, pero aquí el reloj no se detuvo. A las 6:00 p.m. llegó mi amado esposo; me encontró tirada en mi cama, sin bañarme, los ojos tan hinchados que ya ni lo veía o pienso ahora que tal vez era la rabia y el dolor que no me dejaban ver. Él me miró extrañado y palideció. Inmediatamente pregunté, ¿quién es Susana? Tiró lo que llevaba en sus manos sobre una silla y pasó la mano por su boca, se sentó. En aquel momento vi a un hombre tan extraño, ya no era aquel hombre al que toda la vida amé. Ya me inspiraba odio, asco, rabia. Pensé que se iba a disculpar, que iba a pedir perdón, pero no fue así, dijo: "Juanita, reconozco que tú has sido la mejor esposa, la mejor madre; me duele decirte que te fallé, no sé cómo ni por qué permití que otra mujer entrara en mi vida. Perdóname que no hubiera sido yo quien te lo dijera, sé que no te mereces esto, pero se me salió de las manos". Se hizo un pesado silencio hasta que yo logré decir "Vete ya de mi casa"; él sin decir nada empezó a recoger sus cosas. Quería tomarlo en mis brazos y decirle "no te vayas, ¿no ves que estoy destruida?", pero logré contenerme, resistí. Terminó de recoger todo y dijo "no te faltará nada y por los muchachos no te preocupes que yo hablaré con ellos". Al día siguiente llegaron mis hijos pero yo estaba en una dimensión desconocida, ellos dijeron que el papá les contó lo sucedido. Yo no quería escuchar nada, estaba en una depresión y decepción inimaginable. Así seguí por muchos días, hasta un día en

que llegó mi hermana, me miró a los ojos, me dio un fuerte abrazo y se retiró a quitar cortinas y abrir ventanas; se me acercó nuevamente, me dio un beso y me dijo: -Bueno, te cambiaron por otra mujer y, ¿te vas a morir por eso? ¿ya no recuerdas lo que me decías cuando yo llegaba de mis paseos? ¿ya te olvidaste de la envidia que esto te causaba? Tú nunca te acobardaste por nada, y menos ahora y por esto, cuando deberías estar mirando el mundo que te espera. Es el momento de vivir tu vida, ya eres libre para realizar todo aquello a lo que habías renunciado por dedicarte a vivir la vida de los tuyos sin hacer algo por ti. Ven, vamos a empacar maletas que en 2 días salimos para tu primer viaje y allí con el grupo programaremos el siguiente-". Por eso acá me tienen felizmente separada.

Piensa en la lección que esta historia te puede dejar. ¡Gracias libertad! Sí, porque estés donde estés, en el compromiso o en la vida que hayas elegido o vayas a elegir, que te quede esta enseñanza. Cumple al máximo con ese deseo que adquiriste, pero nunca renuncies a tu vida, a aquello que tú quieres para ti, realízalo. No puede nadie coartar tu libertad. Saca el tiempo, el espacio para ti. Eso sin faltar a los principios con que fuiste educado. Recuerda siempre, tu libertad termina donde comienza la del otro.

17. LEALTAD DE DIOS... HABLEMOS DE JOB:

Job, un hombre rico, poderoso, amante y comprendido con Dios, pero el enemigo quiso demostrarle a Dios que Job lo amaba porque nunca le faltó nada material. Prácticamente Dios le permitió que sometería a Job a demasiadas pruebas. Así pasó Job por dolores, tristezas, vejaciones de una y otra manera, pero el enemigo no pudo vencerlo, pues él no renunció a la amistad con Dios en ninguna de esas pruebas,

al contrario, en medio de cada sufrimiento estuvo más tomado de su mano buscando fortaleza en Él. Al final Dios lo recompensó dándole más de lo que le había quitado inicialmente.

Ahora bien, apliquemos esto a nuestras vidas, somos aquel rico muy rico guisado. Pues aunque no tengamos a veces muchos bienes materiales, sí tenemos muchas riquezas, la principal es la hermosa amistad con Dios, podemos respirar, caminar, ver, tocar, somos inteligentes y un sinfín de riquezas más. Sugiero poner el párrafo siguiente aquí.

Llega un momento en el que encontramos tropiezos, dificultades, como los tuvo este hombre; a veces la mayoría ni siquiera es Dios quien los envía, más bien las ganamos nosotros con nuestras malas acciones, pues toda actitud trae su consecuencia.

Cuando estamos en una tentación y faltando a ese compromiso de vivir en el amor, cuando estamos dañando nuestra vida con vicios, con egoísmos, con estafas, con mentiras, cuando llegamos a cometer actos indebidos por conseguir un peso de más, es cuando el enemigo quiere demostrarle a Dios que sólo lo amamos cuando tenemos todo, cuando somos ricos. Pero cuidado, ese es el momento más riesgoso para dejar perder el principal tesoro que para nosotros es Dios, este es el momento en el que el maligno está apunto de triunfar, cuando nuestra alma está más débil, más factible de caer en la tentación de renunciar por siempre a nuestro Padre. Estamos en un momento en el que nos dejamos seducir por el mal y le damos al maligno para que le demuestre a Dios que realmente estamos bien estamos con él cuando tenemos todo.

Esta fue la actitud que no tuvo Job, pues cuando él tenía tentaciones, cuando le fueron arrebatadas sus posesiones, fue cuando más fortaleció su fe y su amor a Dios, tratando de que él no lo abandonara sino que lo ayudará y lo fortaleciera más para poder soportar esas pérdidas que cada día estaba recibiendo. Aquí te invito que cada día, cuando te encuentres ante un revés, un tropiezo, una pérdida, tómate de la mano de Dios o mejor, déjate tomar de su mano porque él será tu Salvador, él será tu fortaleza, él te llenará de valor, de amor y al final, la recompensa será verte fortalecido, pudiendo así cada vez más vencer esas tentaciones a las que te quiere someter el maligno y luchando por el mayor tesoro, la mayor riqueza: la amistad y el amor de Dios.

18. ES TU PRESENCIA REAL ANTE TUS HIJOS:

Traigo el caso una historia muy diciente y que siempre ha significado para mí y para quien la conoce un gran ejemplo de amor de Dios por nosotros.

He aquí el caso de una joven con un gran problema renal en lista de espera para su trasplante, sus médicos le tienen muy claro que no puede quedar embarazada, pero más sabio y más poderoso que los médicos es Dios. Por la voluntad de Dios los métodos de planificación fallan y ella queda esperando un bebé, los médicos le dicen que debe abortar, ya que con su problema renal está arriesgando su vida. Pero fue para estos padres mucho mayor el amor por ese hijo y la fe inmensa en el apoyo que Dios les iba a brindar.

Así es como este embarazo de altísimo riesgo lo lograron llevar hasta el séptimo mes, ayudado con muchos tratamientos. En ese momento se realiza un parto inducido y el bebé es llevado a la incubadora, la mamá

queda internada en cuidados intensivos. El apoyo de Dios llegó sumado al deseo de estos padres de salir adelante. Gracias a su gran compromiso todo terminó con un niño y una madre fuera de peligro pero con una lista inmensa de cuidados para ambos. Ellos, con mucha responsabilidad, se propusieron sacar este bebé adelante, el bebé crece, recupera talla y peso y llega a estar a la altura de un niño nacido de tiempo completo. Pasan los meses y tras muchos esfuerzos de sus padres el niño va completando su periodo de lactancia e inicia la etapa de integrar en su dieta los alimentos sólidos. Comienza un esfuerzo inmenso por parte de sus padres para que el bebé aprenda a alimentarse, llegan los vómitos, él devuelve su alimento sin llegar a tragarlos, pero sus padres están totalmente comprometidos y felices de ver los progresos de su niño.

Su mami está tan comprometida que deja de lado la universidad que la que recientemente ha egresado y a la que le había dedicado días y noches de estudio y esfuerzo para lograr un título. Su prioridad es el tiempo que le puede dedicar a la crianza de su hijo teniendo muy claro que en manos de una empleada el niño no sería quién es hoy.

Este milagrito, como mucho conocidos le dicen, es un niño sobresaliente en su estudio con un promedio de inteligencia por encima de muchos niños de su edad, los grandes obstáculos en su alimentación fueron superados en un 95% gracias al compromiso de sus padres. Hay que agregar que su talla y peso están al nivel de un niño nacido a tiempo completo de gestación. Ahora te pregunto ¿como padre llegas a estar siquiera comprometido por lo menos 50% frente a la crianza de tus hijos? De los hijos siempre esperamos mucho, pero ¿será que le hemos dado lo suficiente para poder exigirles un

comportamiento ejemplar en la sociedad? Pensemos un poco y hagamos los correctivos necesarios.

Dios dijo: amarás a tu Dios por sobre todas las cosas del mundo y al prójimo como a ti mismo. Esta es la enseñanza que debería ser la bandera y guía de cada uno de nuestros días. Haciendo un recuento de lo recopilado en este libro, deberíamos recapacitar en las causas de las faltas que se han presentado, aunque suene a frase de cajón que la base de la sociedad es la familia. Si yo como padre me empodero realmente de esa empresa que es mi familia, si yo como seguidor del gran mensaje de Cristo que es amar al otro como a mí mismo debería tener la convicción de que si doy amor a mis hijos, además de recibir amor, estoy mostrando que con amor todo sale mejor. A todo lo que le pongas amor te saldrá bien, desde una pequeña comida, si se quiere, hasta la guía de los hijos. Tenlo por seguro que si das cariño, sin caer en paternalismo ni alcahuetería, sino también exigiendo, en nombre del amor, el cumplimiento de unas normas que brinden la formación moral de esas personitas que cual arcilla han llegado a nuestras manos para que sean moldeadas, ellos crecerán como personas de bien. Recordemos pues poner en nuestros hijos responsabilidades, además de buen desempeño escolar estos encargos sobre sus hombros harán que siempre estén pisando fuerte y con los pies sobre la tierra, sin llegar a vivir muy por los aires. Gracias a que les ponemos todo en sus manos, sin dar nada a cambio, los psicólogos hoy recomiendan: no des a tus hijos nada que no se hayan ganado. Tengamos pues muy en cuenta estos hechos que hemos consignado en este pequeño manual de vida para mejorar cada vez más nuestras relaciones familiares y como consecuencia de esto veremos mejores comportamientos en sociedad, haciendo nuestro entorno más amable y más pacífico, luchando para que nuestros hijos sean ejemplo de convivencia

llevando a donde vayan el testimonio de vida y que ese amor que han recibido sea ejemplo para su entorno para conseguir una sociedad menos violenta y menos equivocada.

Padres y educadores brindamos a nuestros hijos y educandos tiempo de calidad (sabemos muy bien que nuestra época es de padres trabajadores), pero ese poco tiempo en familia de calidad estamos muy convencidos que nuestros hijos recordarán más aquella tarde tirados en tu cama o en el piso disfrutando de unas deliciosas cosquillas que aquel celular de última tecnología.

Si has llegado hasta este momento de la lectura quiero que resaltemos las buenas prácticas en la vida diaria, pero aún más, quiero que tu vida se convierta en un compromiso de conocer cada día más y descubrir ese verdadero tesoro que tenemos: nuestro Padre Dios. Acércate cada vez un poco a Él, lee la Biblia y profundiza en su conocimiento, lleva las enseñanzas a tu vida y enriquécela tanto que ese conocimiento que adquieres se vea reflejado en tu comportamiento y que a través de él des testimonio de vida y del amor de Dios.

Por tu bien tienes que comprometerte con él, para que no llegues con tus manos vacías ante la presencia del Padre. Él no mira estratos ni riquezas, sino lo bien que vivimos nuestra vida espiritual. Recordemos que nuestro paso por el mundo vino con una misión que cumplir y al final nuestro Padre Dios será el que nos evaluará para saber si nos hicimos acreedores a seguir en la eternidad disfrutando del tesoro o iremos a quedar relegados y privados de su amor y compañía. Está en ti llegar a la presencia del Padre dispuesto a afrontar o disfrutar ese juicio que tendrás del encuentro con Él.

18. SOMOS TESOROS PARA NUESTRO PADRE DIOS:

Somos para Dios unos verdaderos tesoros y como tal deberá ser nuestra vida si estamos conscientes de que nuestro Padre Dios dio su vida para salvarnos. Es en eso en lo que debemos pensar cuando a nuestra vida se presenten ofertas tentadoras que si las miramos con ojos de verdaderos hijos de Dios, sabremos que el pago que dieron por nosotros fue mucho mayor que aquello que nos están ofreciendo. Además, seguro eso que nos están brindando va en contra de la moral. Entonces, ¿sí entiendes por qué te digo que somos como aquel diamante tan exageradamente caro al que nadie había podido colocarle un valor real?

Dios nos ha elegido como sus hijos e incluso más que eso, dio su vida por nosotros; llevamos nuestra vida por el camino que demuestre lo que realmente valemos. Te preguntarás ¿cuánto valemos? Imagínate hacer el ejercicio de pesar el valor que nuestro Padre pagó por nosotros para que nuestros pecados fueran perdonados, esto nos hace pensar que él fue el mayor ejemplo de perdón que podemos tener.

Al finalizar la lectura de este texto quiero hacer énfasis en que ya tuviste oportunidad de conocer cosas que se presentan en nuestro diario vivir, cosas con la que quizás te sentiste identificado. Puedes pensar en situaciones en las que lastimaste a alguien o fuiste lastimado. Es el momento de reflexionar y tomar la decisión de perdonar o pedir perdón por esas situaciones que están incomodando tu vida. Para esto tienes el ejemplo del Padre misericordioso, el más grande perdonador. Haz ese acto y tu vida a partir de este instante dará un giro total, te garantizo que hasta muchos aspectos de tu salud empezarán a sanarse. Si solo una persona, gracias a la lectura de este

texto, logra mejorar su vida, mi objetivo ha sido alcanzado. Recuerda, si no perdonas a otros, tampoco tu Padre perdonará tus pecados (Mateo 6:15).

20. LA LENGUA:

¿Qué es la lengua? La lengua es un órgano muscular que nos sirve para comunicarnos, pero dependiendo de lo que salga a través de ella, se puede construir o destruir, incluso nuestras propias vidas.
"En la lengua hay poder de vida y muerte; quienes la aman comerán de su fruto". Proverbios 18:21.

Se debe tener mucho cuidado con lo que hablemos, repitamos y opinemos pues nuestra lengua estará en juicio, como bien lo dicen las Escrituras: "Pero yo les digo que en el día del juicio todos tendrán que dar cuenta de toda palabra ociosa que hayan pronunciado". Mateo 12:36.

Capítulo 8

El cepillo

¿Será que la calidad ha desmejorado? ¿Las empresas lo hacen con intención?

Con el paso de los años he notado que los electrodomésticos y muchos elementos de uso diario han perdido la calidad en cuanto al tiempo de uso; antes estos mismos electrodomésticos o elementos llegaban a permanecer en buen estado hasta 15 años y hoy en día no alcanzan ni siquiera los siete años sin un mantenimiento correctivo.

Quiero hacer referencia a algo que me llamó poderosamente la atención y tiene que ver con un cepillo para el cabello que tuve la oportunidad de conocer, apreciar y tocar, este se veía muy viejo pero aún se encontraba en buen estado, podía seguir siendo usado. Me inquietó, averigüé sobre él y me contaron su historia completa: era un artículo con más de 50 años en el mercado, que aún era producido pero con un requerimiento importante dentro de su elaboración y es que utilizan los mismos elementos para fabricarlos desde el principio y hasta la fecha.

Me cuestioné el por qué no se utiliza ese requerimiento para todos los electrodomésticos y productos que se fabrican (aquellos que se necesitan y se consumen día tras día). La consecuencia de este proceder nos afecta a todos tanto en forma económica como ambiental, pues la contaminación que se genera es alarmante.

Estamos inmersos en un consumismo desechable, lo usamos y lo descartamos, y desafortunadamente aceptamos vivir así.

¿Es el momento para cuestionar cómo es nuestra vida espiritual, la manejamos como un elemento desechable?

Capítulo 9

Felicidad infeliz

¿Qué es para ti la felicidad?

Después de un café con una amiga en un parque me quedó esa pregunta en mi cabeza, esa y otras más. ¿Estaría dispuesta a dejar de lado mi dignidad, mi amor propio, mi valor como mujer por tener a mi disposición todo lo material que quisiera?

Solo la palabra BIEN fue la respuesta que recibí de ella al preguntarle cómo estaba. Pero en su tono de voz no se sintió así. Le dije que ese BIEN no me sonaba tan BIEN, sonrió y comenzó a contarme.

¿Recuerdas que soñaba con una vida muy feliz, con una casa muy hermosa, con un carro y poder viajar? Tener un closet lleno de ropa, zapatos y bolsos muy hermosos. Pues te cuento que conocí a un guapo caballero, nos enamoramos y proyecte mi futuro con él. Nos casamos y poco a poco fui obteniendo lo que quería. Tiempo después me vi en mi hermosa casa con todo lo que anhelaba. Pero comencé a darme cuenta de algo que se rumoraba, que todo no era perfecto como yo lo creía; yo no era la única mujer en su vida.

Luego de darse cuenta de eso lloró, lo cuestionó pero decidió callar al concluir que su vida era buena. A lo cual le pregunte: ¿Y dónde quedó tu orgullo, amor propio, valor como mujer? Ella me miró, sonrió y me contestó: Eso quedó guardado en el closet, es mejor que todo eso quede reservado y estar viajando cada año en un crucero por el Caribe

que regresar a mi vida anterior. Terminamos el café, nos despedimos y le desee que le siguiera yendo bien y que contara con la bendición de Dios.

La felicidad es un concepto de cada persona, sin embargo, es bueno cuestionarnos qué estamos dispuestos a sacrificar o a dar de nuestra paz interior a cambio de lo que para cada quien es FELICIDAD.

Capítulo 10

¿Tus sueños se están realizando? ¿Estás dejando que te los roben?

¿Recuerdas tu infancia? ¿Cuántas imágenes se creaban en tu mente pensando en el futuro cuando te preguntaban qué querías ser cuando seas grande? Retrocede un poco. Piensa muy clara y profundamente hasta que aquellas imágenes se hagan tan nítidas que puedas sopesar qué tan reales has hecho esos pensamientos hoy en tu vida.

Bueno, el caso es que muchas veces hemos renunciado a nuestros sueños tal vez por ocuparnos de otras cosas, de vivir la vida de los demás, por ejemplo. Hay tantos casos de personas esclavas; sí, en pleno siglo XXI tener que hablar de esclavitud es triste. Piensa si tu familia y tus amistades están influyendo tanto en tu vida que has llegado a vivir la vida de ellos. Los jóvenes hoy han perdido tanto su identidad que ya no saben qué les gusta, qué quieren, pues lo único que están buscando es aceptación. Observan su grupo de amigos y piensan que cada uno tiene algo que ellos pueden adoptar: un corte de cabello, la ropa, el piercing, un tatuaje; piensan que tienen que hacerlo para poder hacer parte del combo, del grupo o la gallada (como quieras llamarlo). En ocasiones hay líderes de grupos que suelen tomar algún licor o fumar sustancias, y sus miembros/seguidores quieren actuar igual, tanto que terminan pareciéndose. Es triste pero es real.

Se tú mismo, revive esos sueños de infancia, haz lo que tengas que hacer para sacarlo adelante. Esto no sucede solamente entre los jóvenes, los adultos también estamos renunciando a nosotros mismos por vivir la vida de los demás. Algunos dicen: Es que mi esposo no quiere que yo estudie o que yo trabaje. Puede darse el caso que tú quieres un viaje pero tu esposa(o) no te lo permite. Luchemos por sacar adelante nuestros anhelos y deseos. Otro matador de proyectos es quedarnos en nuestra zona de confort. Anímate, motívate, haz lo que te toca para lograr realizar todo lo planeado. Estudia lo que siempre quisiste, lucha por ese viaje que siempre has deseado; pero trabaja duro, haz lo que te corresponde y deséalo de corazón. Recuerda: si cabe en tu mente, es posible. Por más adulto que creas que estás, acaricia tus sueños, y como dice alguien, nunca, pero nunca, dejes de soñar.

Capítulo 11

¿Qué es el matrimonio?

Es la sociedad más importante en la que participaras toda tu vida. . .
Es asumir una responsabilidad. . .
Es renunciar a muchas cosas. . .
Es compartir tu cama. . .
Es aprender a vivir con otra persona. . .
Es no volver a dormir hasta tarde. . .
Es un compromiso de fidelidad con una sola persona. . .
Es aplicar la tolerancia a cosas inimaginables con otro ser. . .
Es tener en cuenta a alguien más para todas las decisiones de tu vida...
En las buenas y en las malas. . .
Es encontrar un punto de equilibrio en múltiples aspectos de la vida (orden, gastos, tiempo) junto a otra persona. . .

¿POR QUÉ NO TENER HIJOS?

A continuación comparto opiniones que en su momento escuché de una pareja de amigos que me cuestionaron sobre algunos paradigmas que desde niña influyeron en mi vida en relación AL MATRIMONIO, LOS HIJOS Y LA FAMILIA. . .

"Yo siempre pensé que sería chévere tener hijos, y por qué no dos niños que a mi parecer son la pareja perfecta. Luego de algunos momentos de mi vida me fui dando cuenta que la maternidad es un momento de la vida que dura para siempre y que conlleva grandes responsabilidades y decisiones a lo largo de esta; procrear es una de las elecciones que cambia tu vida de la forma más radical posible y en muchas ocasiones va ligada a las expectativas culturales y sociales que nos rodean. Somos valientes y pocas las parejas que nos tomamos el tiempo de pensar, calcular los gastos, dialogar los pros y los contras de los hijos y luego determinamos que es mejor una familia pequeña de dos, en ocasiones máximo tres y este tercero que sea de cuatro patas."

"Cuando tienes una pareja establecida todos tus parientes y amigos cercanos te pregunta de forma continua ¿Y para cuándo la boda? ¡Ya se están como demorando! Luego das el gran paso y te casas, vas a tu luna de miel, te estableces en tu hogar, aún apenas dándote cuenta que ahora debes compartir todo con otra persona, llegan los amigos y familiares a visitarte y comienzan a preguntar -¿Y para cuando los hijos?, los está dejando el tren-.

La presión social es GIGANTE. Todas las personas creen que luego de casarte debe sí o no tener hijos, nadie piensa lo difícil que es la crianza en el mundo actual, la influencia negativa de los medios tecnológicos en los niños, la falta de tiempo que tienen los padres para criar sus hijos y como deben trasladar esta obligación a familiares o personas externa, entre otras miles de situaciones que si te pones a pensar con cabeza fría te darías cuenta que la mejor decisión de que puedes tomar es no tener hijos."

"Los cambios fisiológicos durante el embarazo son gigantes, grades ganancias de peso, alteraciones hormonales, alteraciones psicológicas y psicosociales, ansiedad, stress, sumado a esto la sintomatología que acompaña esta etapa como las náuseas, vómitos, mareos, hinchazón, dolor de espalda. Dichos cambios pueden ser o no aceptados de forma correcta por las futuras madres, lo cual implica en algunos casos que se presenten dificultades en las parejas llevándolas a discusiones frecuentes, malos entendidos. Como consecuencia pueden darse fracturas que acaban la relación que se constituyó del amor entre dos personas; quedando así una madre primeriza sin saber qué hacer con una personita en camino la cual no tiene culpa de nada pero será sobre quien recaiga la responsabilidad de la ruptura de la relación entre los padres, será una familia infeliz, madre infeliz, niño o niña infeliz. Por esta razón es importante pensarlo bien antes de traer una vida a este espacio terrenal y si no estamos preparados, no hacerlo."

"Muchas personas ven con malos ojos que las parejas actuales no quieran tener hijos, pero no piensan lo arduo de esta labor; asimismo, las condiciones actuales por las cuales pasa el país y el mundo en general no son las mejores como para traer más personas a esta superficie que cada día está más desgatada por lo que nosotros mismo hemos hecho sobre ella. El no tener hijos te da la oportunidad de hacer otras cosas con tu tiempo, quizás ayudar a amigos, familiares o conocidos a desarrollar sus ideas, ya que tú tienes el tiempo que ellos no, porque ellos sí cedieron antes las presionas sociales y ahora con sus hijos no tienen el tiempo para desarrollar muchos de sueños. Con esto no digo que los hijos sean un problema o impedimento, pero cuando tienes hijos tus prioridades cambian por completo y ahora muchas de estas se enfocan en esa pequeña vida que tienes a cargo.

Somos una pareja enamorada de la vida, muchos de nuestros amigos tienen hijos o desean tenerlos, y está bien, nuestra vida está llena de niños (nuestros sobrinos), a los cuales queremos hasta el infinito. Puedo mencionar aquí a los pequeños Flor y María quienes llegaron a nuestras vidas y nos han derretido de amor, estamos completamente comprometidos en aportar todo lo que podamos para que estos pequeños crezcan rodeados de amor y sean muy felices; no queremos tener hijos ni hoy ni mañana, en ningún momento, somos felices y así queremos seguir siempre. Por último quisiéramos decir que convertirse en padres debe ser una decisión responsable, teniendo en cuenta los sueños que como pareja se tienen."

A lo largo de mis años he tenido la oportunidad de conocer de primera mano experiencias que al confrontar con estas opiniones me llevan a concluir que "SÍ EXISTEN FAMILIAS PEQUEÑAS DE DOS QUE VIVEN FELICES POR MUCHO TIEMPO LUEGO DE QUE EN COMÚN ACUERDO TOMARAN LA DECISIÓN DE NO TENER HIJOS".

Capítulo 12

¿Quién era Beto?

BETO fue un maravilloso regalo de DIOS que yo no esperaba. Cuando recibí la noticia que venía ese bebé en camino me sentí un poco triste pues no era el momento adecuado para un embarazo, con el paso de los días lo asimilé y lo acepté.

A los dos meses de embarazo, perdí a un ser maravilloso en mi vida que fue mi mami, motivo por el cual estuve hospitalizada con la amenaza de un aborto espontáneo, ante el diagnostico el médico dijo que no había nada que hacer, solo un milagro podría salvarlo. En medio de la angustia de toda madre le suplique a mi PADRE CELESTIAL que no se lo llevara y le pedí al doctor su ayuda para que mi hijo no muriera en ese momento, prometí hacer TODO lo que se me indicará para salvarlo. Luego de varios días en el hospital, el doctor me indicó que la ubicación donde había quedado el bebé era muy riesgosa, por ello regrese a casa con una lista larga de recomendaciones que en resumen fueron: "De la cama al baño solamente".

En ese proceso conté con el inmenso apoyo de mis tías, abuela y esposo. De esta manera transcurrió todo mi embarazo. Aunque lloraba mucho por la muerte de mi madre, le hablé siempre a mi bebé y le repetí muchas veces que no era por él, que lo amaba muchísimo.

Luego de los nueve meses me programaron cesárea, luego de la cual un domingo a las 12:00 del mediodía pude tener en mis brazos a este maravilloso ser al que por nombre se lo dio DAVID ALBERTO.

Fue un hermoso bebé con un precioso tono de piel canela, cabello rizado, grandes y expresivos ojos negros y una encantadora sonrisa. De cariño le llamaba mi Negro.

Mi gran consuelo y motivación para seguir adelante fueron mis tres hijos. Les comparto diferentes anécdotas vividas con mi Negro.

Una tarde, envié a mi hijo mayor a comprar un quesito para el desayuno del día siguiente, este lo dejó en la nevera sobre un plato, aproximadamente media hora más tarde aparece mi Negro con el plato diciendo: "DICO, MAMI, YA COMÍ"; al otro día amaneció con daño de estómago.

Cuando tenía cinco años se me acercó y me preguntó: ¿mami por qué soy negrito y mis dos hermanos blancos? A lo que le contesté: hijo, en algunas oportunidades algunos niños se parecen a papá y otros a mamá, tú eres mi negro precioso que se parece a mí y a quien amo con todo mi ser; sonrió y se fue a jugar y nunca más me volvió a decir nada al respecto.

Una noche estaba sentado con una primita en el corredor de la casa, la luna se veía grande, brillante y hermosa. La niña le preguntó: ¿Abeto, por qué la luna no se cae? Él miró la luna y le contestó: Porque está pegada con colbón, y siguieron jugando como si nada, pero dejó una sonrisa muy grande en quienes estábamos alrededor.

El proceso de enseñanza transcurrió excelente desde el preescolar y hasta el quinto de primaria donde le cambiaron a su profesora de base, pues en esa época se acostumbraba que la misma profesora

acompañaba el proceso de educación a lo largo de esos años. En sexto tuvo un cambio muy drástico en sus resultados y su comportamiento. Continúo de la misma manera hasta el grado octavo de bachillerato donde dejó sus estudios por voluntad propia.

A los 14 años comenzó una vida buena, andando mucho en la calle y con sus amigos; en ese momento su padre y yo lo sentamos y le indicamos que debería estudiar o en caso contrario trabajar, pues no permitiríamos que estuviera vagando sin hacer nada. Comenzó entonces a colaborar mucho en casa, pero sus amigos no eran los mejores, lo que nos preocupaba mucho. Él recibió varios castigos por cosas que hacía en la calle con sus amigos; yo me enteraba por la gente o por quejas que me daban, las cuales recibía con mucho agrado pues así podía reprenderlo.

Entre los 14 y los 18 años estuvo mal relacionado, sin embargo, en lapsos largos de tiempo trabajaba con un amigo en un sector conocido como "La Bayadera", junto a él aprendió un hermoso arte que era el de tapizar autos de lujo. Sin embargo, sus amigos del barrio no lo dejaban tranquilo al punto de ponerlo en una situación en la que debía escoger entre ellos y el trabajo.

En el barrio formamos un grupo de mamás quienes pactamos informarnos al instante los malos procederes que evidenciáramos de nuestros hijos. Motivo por el cual me mantenía enterada casi de inmediato de sus movimientos junto con su grupo de "malos" amigos.

Con base en los datos brindados por el grupo de informantes y el recorrido de sus "amigos" de muy mala fama, lo confronté y le dije en palabras textuales: "Jamás permitiré que te conviertas en un

delincuente y que le hagas daño a alguien, aunque en eso se me vaya la vida". Le hice énfasis en una frase que mi madre nos inculcó desde pequeños: "El bien que le hagas a las personas te lo devolverán con bien, al igual el mal que generes se te devolverá con mal". Sin embargo, él no creyó en mis palabras y volvió de nuevo a sus andanzas. El día que me enteré de que andaba con sus amigos, llegué muy molesta a casa y le dije: "Hoy me di cuenta que estás de nuevo con ellos. ¿Vas a seguir en lo mismo?" Me contestó: ¿Y qué se supone que vas a hacer?

En ese momento me llené de ira y por poco le doy una cachetada, le contesté: "Ya mismo me voy para donde ellos porque yo no hago las cosas a escondidas, les voy a informar que los denunciaré por corrupción de menores. Yo sé que inmediatamente la policía se va a interesar y si por eso me van a matar hoy, que lo hagan, luego de que me entierres podrás hacer lo que te plazca". Salí furiosa de la casa a buscarlos y antes de llegar a la calle él se me acercó y me dijo: No, mamá, está bien, yo los dejo, no vaya a buscarlos.

Desde ese momento él se dedicó a trabajar eventualmente con su amigo de La bayadera, cuando no trabajaba se quedaba en casa juicioso siguiendo las reglas establecidas y vivía como un rey. Se levantaba a la hora que quería, comía lo que deseaba y me ayudaba mucho con los quehaceres del hogar. Sin embargo, no estuve conforme con esa situación, yo quería que él terminara sus estudios y se forjará para ser alguien en la vida. Ya se aproximaba la fecha de su cumpleaños número 18, ya sería una persona mayor edad.

Una tarde después de llegar del trabajo a casa, la encuentro muy linda, limpia y a él acostado viendo televisión, sentí que ese era el momento indicado para hablarle: "David, me agrada mucho encontrar todos los

días la casa tan limpia y linda. Pero yo no quiero que te dediques a esto, yo quiero que seas alguien en la vida, que te forjes un futuro, que retomes tus estudios. Sé que estás próximo a cumplir la mayoría de edad y quiero que pienses y analices estas dos alternativas que te vengo a plantear en dado caso que tu decisión sea NO estudiar. La primera es que te presentes al ejército y la segunda que busques un empleo estable para que comiences a sostenerte y aportar a la casa. Con su mirada penetrante y hermosa sonrisa, me contestó: "Esta bien, mami, lo pensaré y te diré".

Pasaron algunos días y una tarde cuando llegué del trabajo me dijo: "Ya tomé mi decisión, si me aceptan en el ejército me voy, ya tengo un amigo que se va conmigo. Si me aceptan solicito que me envíen bien lejos de este pueblo, pues deseo conocer otros sitios, otras personas", añadió con una gran sonrisa: "y te dejaré descansar de mi presencia". Efectivamente se presentaron y fueron admitidos en el ejército, luego de un proceso de preparación y entrenamiento los trasladaron a un lugar lejano. Fue una tristeza muy grande la que sentí, pero lo acepté pues había sido su decisión para darle un nuevo rumbo a su vida.

Luego de unos meses nos visitó gracias a una licencia en la cual tuvo la oportunidad de contarme lo duro y difícil que había sido inicialmente todo ese proceso. Me dijo que estuvo en lugares de mucho conflicto de orden público; antes de irse hicimos un pacto de comunicarnos más constantemente y que cuando necesitara oración él me lo diría.

De allí en adelante fueron muchas las veces que hicimos juntos oración de protección para él y sus compañeros. Oraciones con resultados cada vez más sorprendentes que indicaban la presencia de nuestro Padre celestial a su alrededor.

Hasta que por fin regresaron a casa juntos, vivos y sanos a continuar con sus vidas. A su regreso vi con mucha alegría un cambio positivo en la actitud y el comportamiento de mi Negro.

Comenzó a buscar empleo y al no encontrar regresó a trabajar en La Bayadera, meses después se entera de que va a ser papá, lo que se convierte en una razón y motivación para definir su vida. Trataron de conformar un hogar para esa hermosa princesa que llegó a sus vidas, las cosas no se dieron entre ellos pero decidieron ser buenos amigos.

Al no cubrir sus necesidades económicas con este empleo acepta una propuesta laboral que le ofrecen en otra ciudad; allí se radica y logra una estabilidad económica tanto para él como para su hija y hasta su familia. A la vez logra conocer muchos lugares de la zona costera norte del país, paisajes hermosos de los cuales me compartía sus vivencias.

Tiempo después en medio de una llamada me comenta que conoció "a una linda costeña" y que estaba "súper tragado" (palabras textuales). Con ella más adelante se organizó y conformó su hogar dentro del cual nació su hijo varón. Por motivos de una discusión con su supervisor, él renuncia a su empleo y toma la decisión de regresar a su tierra natal, lleno de sueños, proyectos y muy alegre.

Pasa cerca de un año en el cual no se le dan las cosas como las tenía planeadas, las expectativas de conformar un negocio propio se desvanecen, lo embarga la tristeza y la preocupación, pues ya tenía 3 personas a su cargo. Una tarde me senté a conversar con él y le dije que pensara en primera instancia en su familia y sus responsabilidades, que aprovechase la oportunidad que se le

presentaba de nuevo, pues lo habían vuelto a llamar de la empresa, pero esta vez desde la sucursal de Medellín, a lo cual me contestó: "Sí, mamá, voy a ir".

A los pocos días se presentó a la empresa y al llegar a casa llegó con una alegría desbordante pues acababa de firmar contrato con un muy buen salario y con sus ilusiones de nuevo a flor de piel. ¿Cuáles ilusiones? Brindarle a sus hijos estabilidad y construir su casa. Pero esa alegría solo duró dos meses.

Una noche, todos los sueños, ilusiones y esperanzas que tenía Mi Negro fueron arrebatadas. A las 8:00 pm se presentaron en nuestra casa tres asesinos quitándole la vida. Lo trasladamos de inmediato a la clínica pero ya no había nada que hacer. Un médico nos pregunta si el joven era donador de órganos a lo cual contestamos que sí y se lo llevaron.

Desde ese momento, 8:30pm más o menos, hasta las 7:00pm del día siguiente que lo entregaron, mi ALMA se oscureció, sentí por primera vez en mi vida un dolor INMENSO que jamás había sentido. Sentí deseos de matar con mis propias manos, me hacía a mí misma la pregunta: ¿Por qué a Mi Negro si se había convertido en un excelente ser humano (papá, hermano, hijo y esposo) después de todo el proceso que vivió?

A cierta hora de la madrugada quedé sola con su cuerpo, con un dolor físico y emocional INMENSO, sentía que me estaba muriendo y me dirigí a DIOS, le pedí que me diera FUERZAS, me restaurará, me diera valor y que me dijera qué había pasado (respuesta que me dio días después). Le dije que yo los perdonaba, que le entregaba a él esa

venganza, pero que por favor me ayudara. De repente empecé a sentir que el dolor físico que tenía en mi pecho se empezaba a ir y me invadía una gran paz. Me sentía como si estuviera flotando y recordé una pregunta que tiempo atrás a través de varios eventos me había hecho MI PADRE CELESTIAL: ¿Serías capaz de soportar la pérdida de un hijo? ¿Los perdonarás? ¿Continuarás orando por ellos? A lo cual le contesté que sí, sin imaginar que me ocurriría, les contaré cómo fueron los diferentes eventos.

En el barrio donde vivo, más o menos un año atrás de la muerte de Mi negro se comenzaron a vivir unos momentos muy difíciles de seguridad por amenazas a los jóvenes del sector, dando como resultado la pérdida de vidas. En esa oportunidad murieron tres jóvenes, la reacción de la comunidad en general fue de tristeza y rechazo a estas acciones. Sin embargo, en mi corazón sentí, además, tristeza por las personas que habían cometido los hechos y dirigí una oración a mi Padre por ellos. En ese momento percibí un mensaje en el que me cuestionaba algo así: "y si le pasará a uno de tus hijos, ¿seguirías orando por ellos?", de forma casi inmediata sacudí mi cabeza y me contesté: "NO, eso no va a pasar, ¿por qué habría de pasar?".

Meses después volvieron a ocurrir otros eventos en los que perdieron la vida varios jóvenes, entre ellos, el hijo de una amiga. Y nuevamente la tristeza invadió el sector, volvieron a darse los mismos mensajes de rechazo de parte de la comunidad, volví a orar por los aquellos jóvenes que tristemente no dejaban de hacer el mal y regresó un mensaje: "¿y si se meten con lo tuyo? ¿Vas a seguir orando? ¿Vas a seguir pidiendo por ellos?". Lo que generó en mí una inquietud muy fuerte y contesté: "Bueno, Señor, sí, si se meten con lo mío yo los perdonaré".

Ahora analizando lo que contesté, NO SABÍA LO QUE ESA RESPUESTA IMPLICABA. Un mes después me llegó a través de un canal la confirmación de lo que vendría.

En un evento SOBRENATURAL al cual asistí ese año, una profeta me dijo: "VAS A VIVIR UNOS MOMENTOS DE MUCHO DOLOR, MUCHA TRISTEZA, MUCHAS LAGRIMAS, SENTIRÁS QUE TE VAN A ARRANCAR EL CORAZÓN, PERO NO TENGAS MIEDO QUE EL SEÑOR ESTARÁ CONTIGO, ESTARÁS DE LA MANO DE ÉL Y ÉL NO TE VA A ABANDONAR, SERÁS CAPAZ DE SALIR ADELANTE". Pasaban los días y aunque tenía en mi corazón mucha inquietud nunca imaginé que fuera algo así.

Después de recordar todos estos eventos mientras estuve sola con el cuerpo de mi hijo, se vino a mi mente la escena de su muerte, pues fue en casa, en presencia de mi familia más no en la mía; por motivos que solo atribuyo al Señor no estaba afuera de la casa; ocurrieron cosas muy extrañas que impidieron que mi hermana o yo alcanzáramos a su asesino, porque estoy segura que en ese momento si lo hubiera alcanzado hubiese cometido el peor error de mi vida.

Días después me llegó la respuesta que esa noche le hice a mi Padre celestial sobre qué había pasado. Lo más impactante es que fue de boca de la persona que le quitó la vida a Mi Negro. Me dijo: "FUE UN ERROR, NO ERA A ÉL".

La pregunta es: ¿LOS PERDONÉ? Con absoluta certeza, con pleno uso de mis facultades puedo decir: SÍ, LOS PERDONÉ Y CONSTANTEMENTE ORO AL PADRE POR ELLOS. . .

Capítulo 13

Venganza

Era yo un joven alegre y soñador, que tenía una compañera muy inteligente. Teníamos muchos sueños en común, yo pensaba que tenía mi vida solucionada y que nada malo podría pasar, como se pensaba del Titanic, que nada malo le podía suceder a ese gran barco. No pensaba que las grandes catástrofes podían ocurrir, pero ocurrió.

Un día conversando con alguien a quien yo creía era mi amigo, tuvimos una conversación que yo pensé que quedaría solo en eso, desafortunadamente no me imaginaba la perversión que había en su corazón, aquella persona tomó las cosas de una manera equivocada y quiso quitarme la vida con tan mala suerte que el sicario que envió se equivocó y le quitó la vida a uno de los seres que más quise. Mi vida cambio por completo, me llené de un odio profundo y un deseo de venganza que invadió todo mi ser.

El pensar que habían seres humanos capaces de acabar con la vida de alguien sin verificar si esa persona lo merecía o no. Acabaron con la vida de un excelente padre, hijo, hermano y un gran trabajador, lo más doloroso fue haber dejado a dos niños indefensos sin papá que los amaba y protegía con todo su corazón.

Aunque hoy navego en la más profunda de las oscuridades, no tengo miedo, aquella persona que estaba a mi lado tomó la decisión de marcharse pues no estaba de acuerdo con mis decisiones.

No se que será de mi vida, no se si algún día podré recuperar mi alma, porque hoy en día estoy en lo que estoy...

Hola mi gente bella, mi nombre es María, vengo a contarles algo maravilloso que me sucedió. ¿Recuerdan aquel programa de la lampara de Aladino que salía un genio y te concedía tres deseos? Les cuento que yo encontré un maravilloso genio que no concede ni uno, ni dos, ni tres deseos; sino todos los que le pidas.

En la próxima edición te contaré con detalles cómo puedes encontrar ese maravilloso genio.

www.ingramcontent.com/pod-product-compliance
Lightning Source LLC
LaVergne TN
LVHW010116170826
845678LV00012B/2440

* 9 7 9 8 8 4 8 1 9 5 0 4 0 *